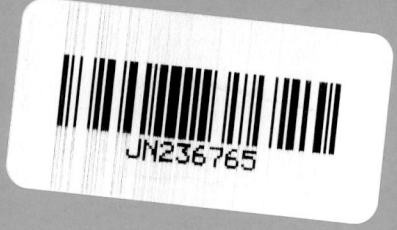

クリエイティブ業界に就職するための

ポートフォリオの教科書

ワークスコーポレーション 別冊・書籍編集部編

はじめに

「ぜひ、キミと一緒に働きたい」

そんな言葉が思わず飛びだすポートフォリオの作り方、知りたくないですか？
内定を引き寄せる、魅力あふれるポートフォリオを作るためにはどうしたら？

この疑問に答えるべく、この本ではさまざまな実例から、共通する成功ポイントを抽出。効果的で、訴求力のあるポートフォリオを作るためのメソッドを紹介しています。

＊

クリエイティブ業界で就職活動をするには「ポートフォリオ」が必要です。面接でのプレゼンテーション、応募書類としての送付など、その用途はさまざま。でもその基本は、相手に自分を伝えるためのツールであるということです。

そして、この厳しさを増す就職戦線で、個性や実力がわかりやすいポートフォリオの重要性は高まるばかり。そんな状況下で、本書は特定の業界に偏ることなく、普遍的なノウハウを伝えることを目指して作られました。とはいっても、正解はひとつではありません。人の数だけ人柄があるように、ポートフォリオもその作り方は無限大です。参考になるところはどんどん取り入れて、オンリーワンなポートフォリオを作っていきましょう。本書がその一助になれば幸いです。

＊

本書の制作に際しては、デジタルスケープ社より指導ノウハウのご提供を始め、各種学校、大学、企業のご担当者様に多大なご協力をいただきました。また、大切なポートフォリオを快く提供していただいた、内定者の皆様の協力があってこそ、完成を迎えることができました。この場を借りて、厚く御礼申し上げます。

この本には、本筋となる基礎知識に加えて、ポートフォリオの分野では権威のある、即内定（ソクウチ サダム）博士が、ワンポイントを伝授してくれます。かなりの高齢なので、ときどき居眠りしてしまうこともありますが、その時はみなさんが起こしてあげてくださいね。

そして、みなさんと一緒にポートフォリオを学んでいく２人の仲間、ポート君とフォリオちゃんもいます。どちらも、欠点だらけですが、ポートフォリオの作り方を皆さんに紹介するという任務を引き受けたことで、章を経るごとにだんだんと成長していくことでしょう。その過程を見守ってあげてください。

Dr.Sadamu Sokuuchi

ポートフォリオ研究の第一人者。ポートフォリオに関しては、その語源から、最近の傾向まで、ありとあらゆるディテールを究め尽くしたにも関わらず、その存在はあまり知られていない。最近では、ポートフォリオの作り方を教えてほしいと門を叩く学生がたびたび訪れるようになったため、本書の執筆を決意した。

Port

クリエイティブ系専門学校１年生。高校時代から独学でCGを作り始め、コンクールでの入賞歴も多数あって、自信満々。早く社会に出て、自分の力を試したいと焦るあまり、痛い目に遭うこともしばしば。

Folio

美大の視覚伝達学科３年生。ものを作ることが大好きで、それにかかりては３度のご飯も忘れてしまうほど。困るとすぐ泣く癖があるが、涙の海には助け舟が浮かんでいることを知っているちゃっかり屋さん。

目次

これから就職活動を本格的に始めようとするポートくんとフォリオちゃん。先輩からの評判を聞いて、即内 定博士の元を訪ねました。眠そうな博士をようやく叩き起こすも博士は繰り返し「ポートフォリオに、正解はない……」とつぶやくばかり。いったいどんな意味なのでしょう。ふたりと一緒に読み進め、この謎を解き明かしましょう。

PART1　ポートフォリオの基礎知識
ポートフォリオとは何か、就職活動においてどうして必要とされ、中身には何を入れればいいのか。制作スケジュールも知っておきましょう。

PART2　採用されたポートフォリオ
個性があふれるポートフォリオと共に、就職活動を成功させた先輩たちの実例を紹介します。自分を相手に伝えるための工夫が詰まっています。

PART3　業界ごとの採用ポイント
クリエイティブ業界のしくみと、業界別の制作フローを紹介します。企業の採用担当者インタビューから、求められていることを理解しましょう。

PART4　ポートフォリオメイキング
ポートフォリオを仕上げていく過程を、6つのステップで整理しています。順番通りに手を動かしてみて、まずは1冊仕上げてみましょう。

PART5　応募の注意点とアドバイス
採用情報の集め方から、エントリーシートでクリエイティブ能力をアピールする書き方、面接での注意点、先輩たちの声をまとめています。

PART 1

ポートフォリオの基礎知識

ポートフォリオの基礎知識

ポートフォリオは、誰がどのように見ているのでしょうか？ まずは、就職活動にとってポートフォリオはどのような役割を果たしているかを考えることが必要です。ここでは、最初に押さえておくべき基本的な事柄を確認してみましょう。

ポートフォリオとは？

ポートフォリオという言葉はもともと、書類を束にする道具のことを意味していました。しかし、今ではその意味はさまざまに派生しています。例えば、金融の世界で株式の組み合わせもポートフォリオと呼ばれます。大まかにポートフォリオとは、情報を整理して管理するためのツールと言えるでしょう。クリエイティブの世界では、他人に見せるために複数の作品をまとめたものを、ポートフォリオと呼んでいます。

ポートフォリオの役割

ポートフォリオはまず第一に、自分の作ってきた作品を入れる「入れ物」です。そして、ポートフォリオとは、自分の能力をアピールするための作品集です。しかし、ポートフォリオの可能性はそれだけではありません。ポートフォリオを作ることで、自分自身のスキルを客観的に把握できるのです。ポートフォリオは、まさに自分の姿を映す鏡のような存在と言えるでしょう。自分の可能性を発見し、成長させるツールとして意識したならば、ポートフォリオは無限の可能性を秘めた最強の武器となります。ポートフォリオはあなたの分身となって能力をアピールし続け、その分身はまさにあなたの未来を導くのです！

たかが紙束、されど紙束！
ポートフォリオで自分の
未来を切り開くのじゃ！

ポートフォリオの意味付け

① 自分の作品を整理するための「入れ物」
② 自分の能力をアピールするための作品集
③ 自分の能力を客観的に眺めるためのツール

ポートフォリオの重要度

クリエイティブ業界では、多くのデザイン職の一次課題としてポートフォリオ（作品集）の提出が求められています。それではポートフォリオは採用に関してどのくらいの重要度を担っているのでしょうか？ 業種によって異なりますが、デザイナーやCGクリエイター、アニメーターなど、個人の技量が最終的な成果物に影響しやすい職種ほど、その重要度は大きくなると考えてよいでしょう。2008年2月に行われた就職イベント、クリ博就職フェスタ参加企業を対象に行ったアンケートでは、8割の企業がポートフォリオを「非常に重視する」と回答、「割と重視する」と合わせれば9割の企業が、ポートフォリオを重要な判断資料としています。

採用におけるポートフォリオの位置づけは？

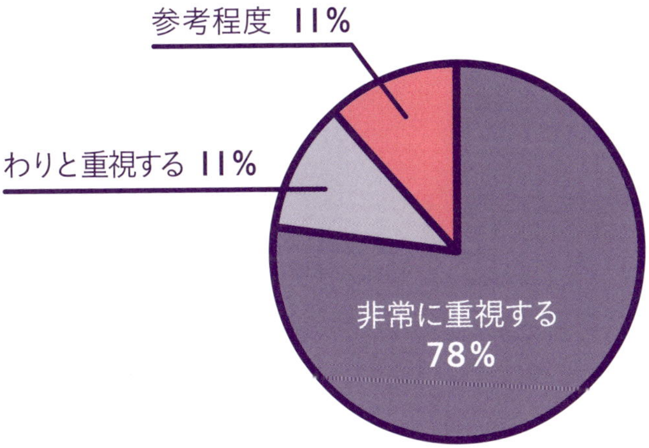

募集要項には「作品審査」と書かれ、実技試験の前段階に使われることも多いのじゃ。

ポートフォリオは誰が見るか

ポートフォリオは実際に選考が進む中で、採用の窓口となる人事スタッフ、そして未来にあなたの上司や同僚となる現場スタッフへと回覧され、採用の合否に至るまでさまざまな人の目に触れます。クリエイティブ業界では現場のスタッフがポートフォリオを見ないことはないといってよいでしょう。面接の時に説明すればよいのではなく、あなたが居ない場所での審査があることを意識して下さい。つまり、ポートフォリオ自体で、それを手にする人々をどれぐらい魅了できるかが勝敗の分かれ目になってくるのです。

わずか数秒の勝負！

１冊のポートフォリオを制作するまでには多大な労力と時間を必要とします。しかし、多忙な採用担当者たちが、ひとつのポートフォリオを評価するのに割ける時間は一体どれくらいでしょうか？ 手にとってからパラリと見て、ほんの４、５秒程度で印象を判断されてしまうというのが実情と考えて間違いありません。数十点から数百点を同時に評価しなければならない担当者たちの目に留まり、短時間で自分の個性を印象づけることができるポートフォリオ＝採用されるポートフォリオといえるでしょう。

採用のきっかけはどこにあるかわからないぞ。
その場に居ない担当者の一言で結果が変わるかもしれないのじゃ。

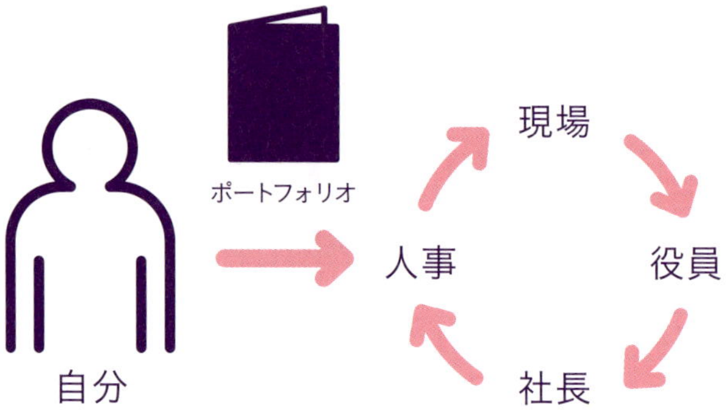

採用の合否に至るまで
さまざまな人の目に触れる！！

読み手を意識して作る

ポートフォリオはあなたの単なる作品集ではありません。企業は、あなたの個人的な歴史についてではなく、どのようなスキルやセンスをもっているのか、可能性を見るためにポートフォリオを求めているのです。たとえば、あなたが初対面の相手に自己紹介をしたとします。名前や連絡先だけを伝えても、何ができ、どのような魅力がある人物かはわからないため､相手にあなたの記憶は残りません。ポートフォリオも同じです。企業はあなたのことを何も知りません。初対面の相手に自己紹介するように、相手にわかりやすく自分をアピールすることが大切なのです。ポートフォリオは社会とあなたをつなぐ、その第一歩なのです。

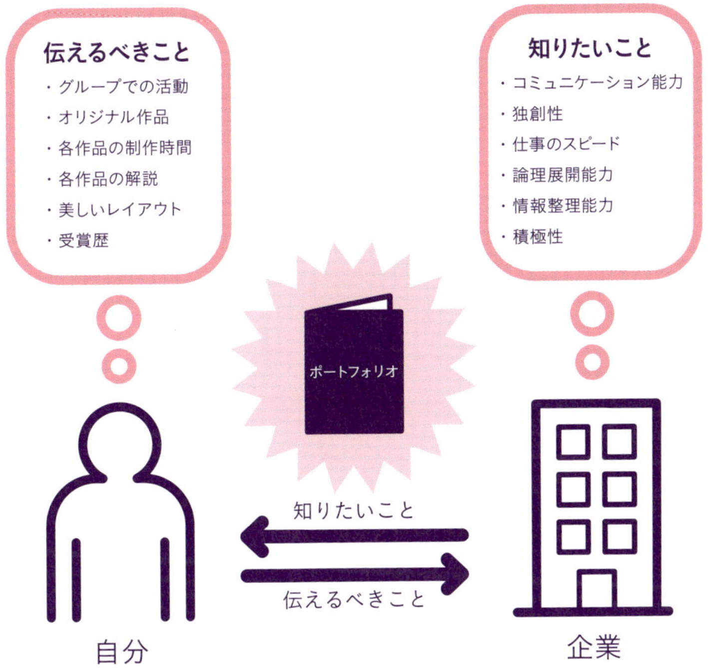

相手の知りたいことを想像して、
伝えるべき情報を考えるんだナ。

ポートフォリオの中身

ポートフォリオの中身には、学校で出された課題や、オリジナル作品、アルバイト先などでの制作物、あるいはポートフォリオに入れる目的で新たに作られた制作物も含んでよいでしょう。すべて自分自身のスキルを伝えるための材料となり、プラスにもマイナスにも、大きな影響をもたらす可能性があるのです。何を入れて何を省くか、ほどよいボリュームになるよう検討しましょう。数を優先して粗雑な作品を入れるべきではありません。貴重な時間を割いて評価する、採用担当者の気持ちになって考えてみる必要があります。

ポートフォリオの中身

- 学校での課題作品／卒業制作作品
- 趣味や課外活動等のオリジナル作品
- 公募掲載、受賞歴のある作品
- アルバイトや選考過程での制作物
- 就職活動用に、新たに追加した作品

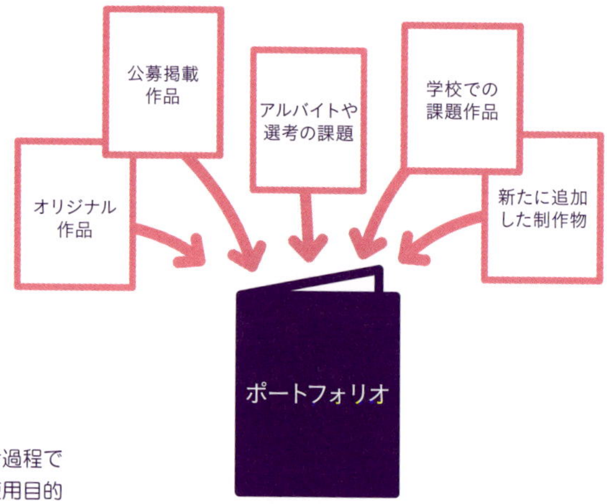

アルバイト先や、採用の選考過程での制作物を入れる際には、使用目的を伝えて許可を得るなど著作権に気をつけるのじゃ。

ポートフォリオ作りの準備

ポートフォリオの制作は思っている以上に時間を要します。とにかく一刻も早く取り掛かることが重要です。まずは、どのような種類でもよいので、空のファイルを1冊用意しましょう。そして、そのファイルを、日々ボリュームアップさせていきましょう。最終的な完成状態だけではなく、制作の過程やラフスケッチ、制作時に使った資料、デッサンや写真など、さまざまな素材がコンテンツとなります。また、それぞれの作品の制作時期や制作目的などの情報をメモ書きして添付しておくとよいでしょう。これらの素材は、いずれ人に見せるためのポートフォリオを作るとき、説明文やキャプションの基礎になります。

段階的に完成させる

また、ポートフォリオはカスタマイズが必要です。最初に作ったポートフォリオはコンセプトが定まっていないことが多く、たいていアピール度が低いもの。企業へ提出する前に、友だち、家族、先生に見てもらうことをおすすめします。ポートフォリオは、何度もブラッシュアップ、カスタマイズを重ねることで、採用側に納得してもらえるものへと仕上がるのです。毎日の積み重ねの結果が、優れたポートフォリオを作り出します。ポートフォリオの道は一日にして成らずなのです。

ポートフォリオ準備のポイント

- ポートフォリオ制作着手は早いほどよい!
- コンテンツとなる素材はファイリングしておく!
- ポートフォリオはカスタマイズ命!

ポートフォリオを完成させるまでのステップ

ブラッシュアップとカスタマイズを重ねて完成版ができあがる!

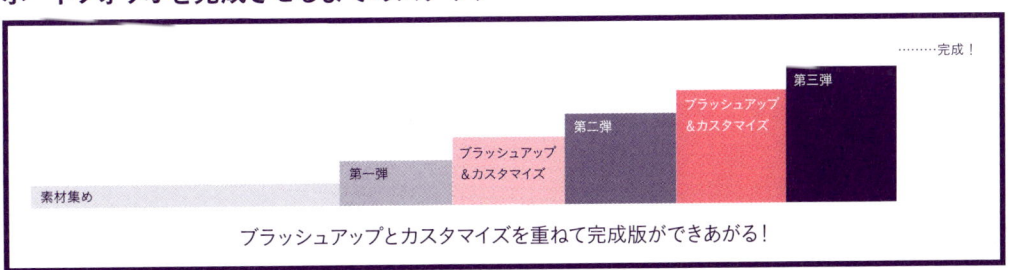

就職活動とポートフォリオ制作のスケジュール

ごく平均的なクリエイティブ業界の就職活動スケジュール。
ポートフォリオの制作はエントリーシートや説明会と並行して進めることになります。

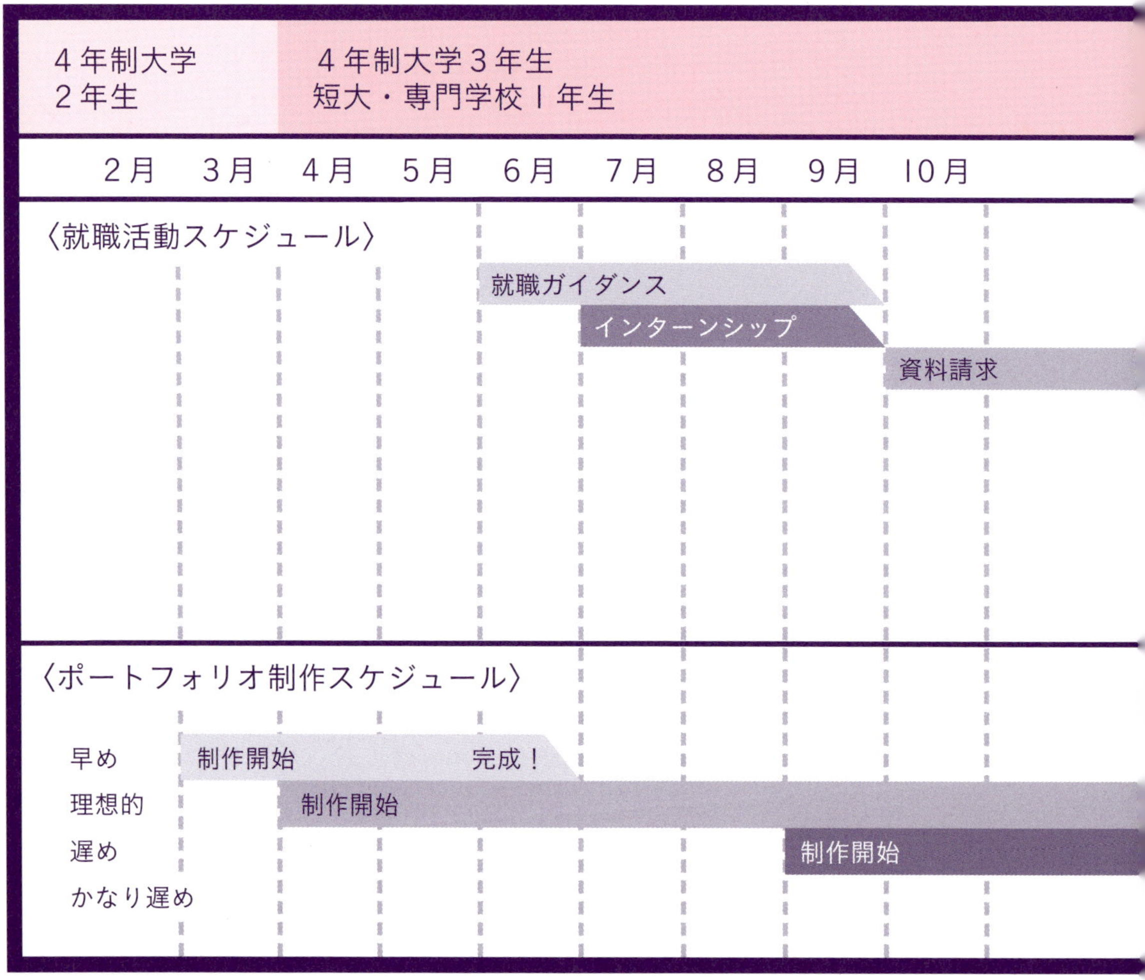

早め（以下4年制大学の場合）

2年生の春休みから準備を開始し、進級前に第一弾（Ver.1）を仕上げるケース。3年生進級後、前期でカスタマイズ、ブラッシュアップを行い、3年生の夏休みにはインターンに参加するなど、積極的な活動が可能（インターン参加の選抜試験にポートフォリオを提出）。

理想的

3年生の前期で第一弾（Ver.1）を仕上げ、3年生の夏休み中にカスタマイズするケース。後期（9月～）に再度ブラッシュアップし、3年生の12月末までに持参物として完成させる。

就職活動よりも前から、
ポートフォリオ作りを始めなくちゃいけないのね！
学生生活も案外、忙しいものなのね……

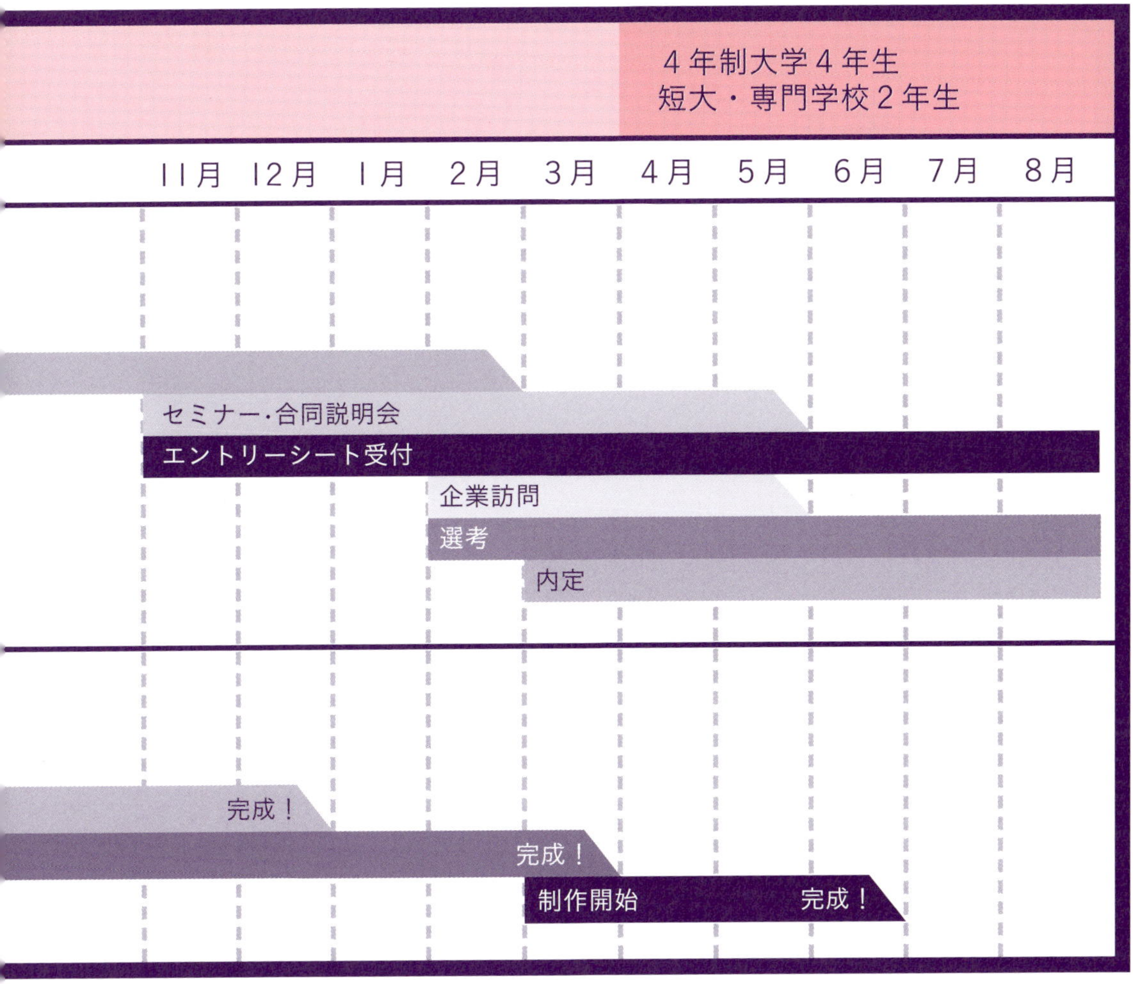

遅め

3年生の後期、9月〜12末に準備開始、第一弾（Ver.1）を仕上げるケース。3年生の1〜3月に、なんとか再度ブラッシュアップし、4年生進級前に持参物として完成させる。

かなり遅め

3年生の春休み＆4年生になってから準備開始。4年生の前期で第一弾（Ver.1）を仕上げるケース。ほとんどカスタマイズなく、勝負する形。

確実に後悔が残る

4年生の夏休みに第一弾（Ver.1）を仕上げるケース。カスタマイズなしの勝負どころか、応募できる先が減ってしまい、応募先の選出にも時間を要してしまう。

ポートフォリオがこんなに重要視されてるなんて知らなかったわ……
それなのに、わずか数秒で判断されちゃうこともあるなんて、厳しい世界なんだな……
そのとおり、勝ち抜くのは容易なことではない。じゃが自分の能力を最大限にアピールできていれば、企業との相性が悪かっただけということもある。万人受けを目指すよりも、自分らしさが凝縮されたポートフォリオをつくることが大切じゃ。
でも「自分の能力を最大限にアピール」するポートフォリオってどんなものなのかしら？まったく検討がつかないわ……博士、助けて！
そうか、では次に先輩たちのポートフォリオを紹介しよう。実際に内定に結びついたポートフォリオじゃから、これらをよ～く観察してみなされ。

PART 2

採用されたポートフォリオ

採用されたポートフォリオ“01” 広告業界

記憶に残るオリジナルロゴ

渡辺 明日香さん
2008年3月、多摩美術大学卒業。2008年4月、株式会社博報堂プロダクツ入社。企画制作事業本部企画制作五部にて、アンダーウェアから医薬品まで幅広いデザイン業務に携わる。

ポートフォリオ情報
サイズ：A3
頁数：34ページ
製本：リング式ファイル
製作期間：4ヶ月

ポートフォリオのコンセプトは？

「見やすさ」です。全体のまとまり感を重視しました。送付した場合、口頭でプレゼンできないので、見ただけで自分らしさが伝わるようなポートフォリオを目指しました。

制作に際して工夫した点は？

過去作品をツリー状に書き出して整理し、インデックスを付けました。自信作を前に配置し、テイストの似た作品をまとめたことで見やすくなりましたね。立体の作品（装丁を手がけた本）は、ポートフォリオ用に撮影して、存在感を出しました。また、A3と応募書類用のB4の2種類を制作したのですが、ページに枠をつけることでレイアウトを整え、縮小率を変えるだけで対応できるよう工夫しました。

表紙のロゴとキャッチコピーが印象的ですが？

昆虫が好きなんです。自分のイニシャルWとAを眺めているうちにツノっぽいなと（笑）。自分の長所／強みを書き出して整理していく過程で「戦う」というキーワードが出てきたので、クワガタに引っ掛けて自己PRしてみました。

反省点は？

趣味性の高い作品と課題作品とでテイストが違いすぎるので、もっと順序を整理したほうがよかったかな。目次やノンブルがあってもよかったかも。

これから就職活動をする後輩にアドバイスをお願いします。

ポートフォリオは見やすくて当たり前、という認識を持っておいた方がよいと思います。

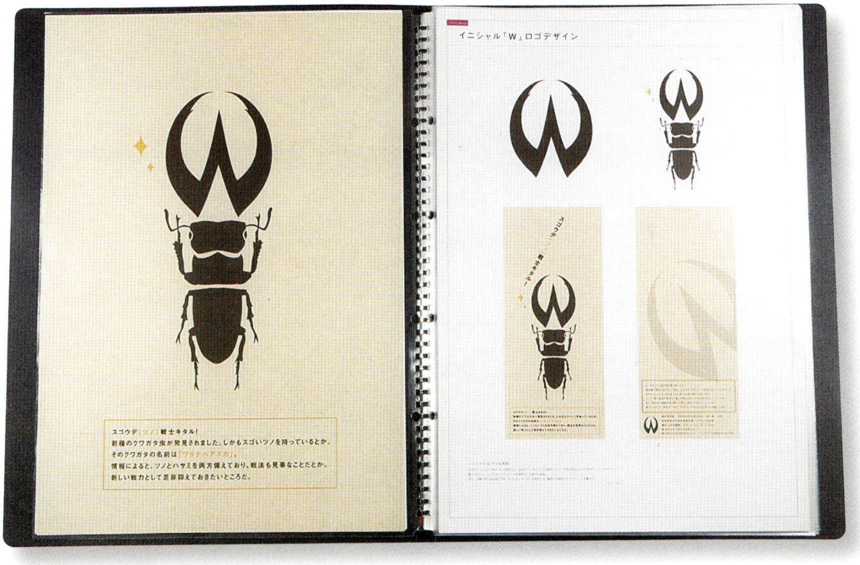

ロゴで自己PR

ポートフォリオの中でも一番目につきやすい表紙と最初の見開きに、自分のイニシャルと好きなモチーフを組み合わせたオリジナル・ロゴを配置。キャッチコピーを添え、実際のプレゼンテーションを想定して作り込まれている。レイアウトセンスと共に自分の嗜好性をアピールすることにも成功。「読み手の印象に残る」ポートフォリオの好例だ

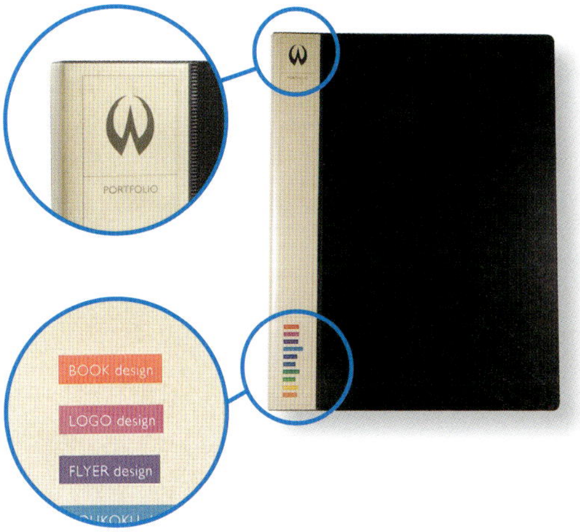

インデックスを付けて見やすく

「BOOK」「LOGO」「FLYER」「WEB」「DIAGRAM」「Illustration」「EXHIBITION」「ARTWORK」など、全10種のカテゴリーに分類。過去作品を整理しインデックス化することで、ポートフォリオ全体としての見やすさに配慮している。インデックスアイコンは作品の各ページ左上と表紙の帯部分に違和感なく配置している

自信作は前に

ポートフォリオをブラッシュアップしていく中で自分の得意分野、一番好きなジャンルだと感じた「書籍の装丁／フリーペーパー制作」を、大きくページを割いて前半部分に配置し、課題作品や参考作品は後半部分に。「自分自身、今後何をやりたいのか？」興味の方向性が明確に提示されており、ブレがない。理想的な構成案のひとつ

いろんな作品が入っているのに
整理整頓されているわ～！
あこがれちゃう♪

説明文で丁寧に

各作品にはそれぞれきちんと説明キャプションを付記。どのようなコンセプトで、いつごろ、どのように制作されたのか？ツールや制作時期など、５ＷＩＨ（何を、いつ、どこで、誰が「共同作品か？個人作品か？」、何のために、どのように）を口頭で説明しなくてもわかるよう丁寧に仕上げられている

枠線を引いて効率 UP

各ページに枠線を引き、ポートフォリオ全体に統一感を出した。この枠線を引くことで余白面積の差が目につくことを避け、縮小率の可変のみで応募書類用Ｂ４サイズとプレゼンテーション用Ａ３サイズの印刷を、効率よく行うことができた

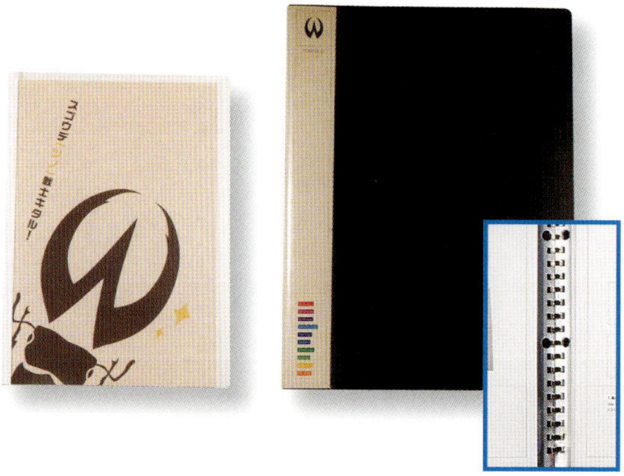

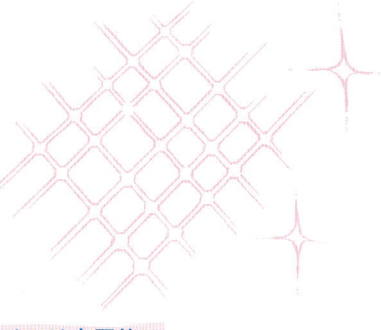

ファイルは実用的に

東急ハンズで購入したＡ３サイズのプラスチック製ファイルを使用。友人や先生からのアドバイスを受け、構成を練り直したが、リング式をチョイスしていたので無駄な労力を使わず容易にページを入れ替えることができた。返却されない応募書類用にはＢ４サイズの廉価なファイルを使用したが、表紙にクワガタが大きく載っておりインパクトは大きい

ミニサイズのジャバラ折りで、
ポートフォリオのダイジェスト版
も作りました。

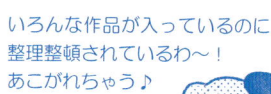

全体像を見せる

立体作品はどのような構成になっているのか、ひと目でわかるように工夫されている。ブックデザインは装丁や中面記事だけをそのまま掲載しただけだと、実物がどのようなものなのかイメージしづらい。ポートフォリオを見る側の視点に立って、見やすさを追求。実物を写真撮影し、シャドーを付けて立体感を出しているのも◎

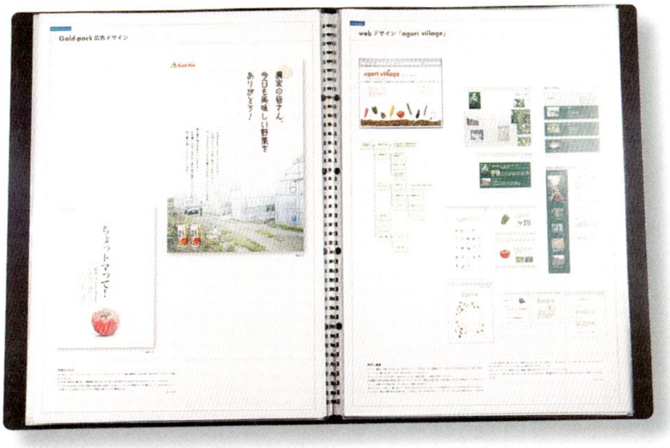

Webサイトの構成案を見せる

自身の実家が農業を営んでいることから発案したという、課題作品のWebサイト。テーマやターゲット、コンセプトをきちんと提示した上で、キャプチャ画像を見やすくレイアウトし、構成案（ページの沿革、サイトマップ）まで丁寧に見せている

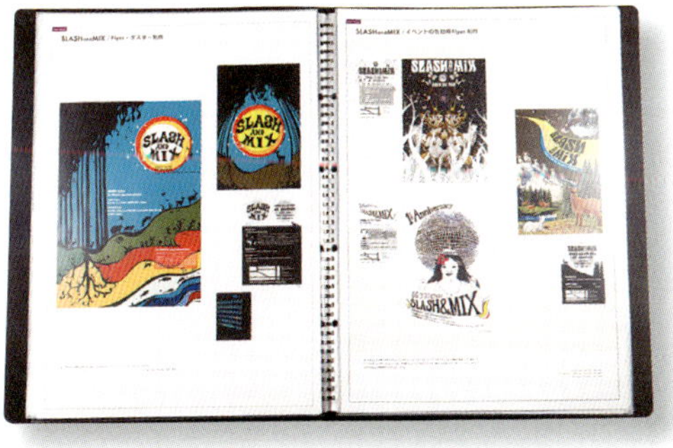

実社会での活動をアピール

友人のイベントのために手がけたフライヤー、チラシ、ポスターなども掲載。イメージを大きく配した表面と、補足情報をモノクロでデザインした裏面の、両方をうまく見せている。課題作品や自主作品だけではなく、学外での活動やアルバイト先で担当した制作物など、実社会で使用された作品も入れると効果的だ

採用されたポートフォリオ“02” 広告業界

サプライズ感で魅せる

吉兼 啓介さん
東京工芸大学デザイン学科ビジュアルコミュニケーションコース4年生。2008年度、某大手広告代理店内定。
4月よりCMプランナー、コピーライターとして業務に就く。

ポートフォリオ情報
サイズ：A3
頁数：42ページ
製本：イラストレーションボードで制作したランドセル型外箱
ポートフォリオ本体＋絵コンテ別冊
制作期間：2ヶ月

ポートフォリオのコンセプトは？

サプライズ感です。はじめから装丁込みで手作りにしようと思っていたんですけど、採用担当の方をびっくりさせるにはどうしたらいいのかを考えて、ピカピカの社会人一年生ということでランドセル型のポートフォリオにしました。就職活動を楽しみながらやっている姿勢をユーモアを込めて表現してみました。面接のときに背負って登場したんですけど、笑っていただけてよかったです（笑）。

どのように制作を？

1.5ミリくらいのイラストレーションボードに黄色い背表紙、内側には黒い紙を付けて仕上げました。曲線の部分は何度も失敗しましたね。ポートフォリオ本体は片面印刷した用紙を両面テープで手貼りしました。Illustratorでガイドラインを引いて、基本のレイアウトを設計し、そこに作品をはめこんで、ジャンルごとにまとめました。

制作期間は？

実作業は2週間弱。アイデアは3年生の2月から練っていました。反省点は、リコーダーやそろばん、お守りを付けたり、絵コンテの別冊も小学生が持っていそうな自由帳型に装丁したり、より本物に近い外装にしたかったです。

これから就職活動をする後輩にアドバイスをお願いします。

作品は日々ブラッシュアップしておき、考える時間を多くとったほうが、よりよいポートフォリオができると思います。

インパクト大の外装

完全自主制作のランドセル型ポートフォリオ。採用担当者にとって普通のポートフォリオは見慣れたもの。楽しませるためにはどうしたらよいかを考えてこのスタイルにした、と本人談。奇抜で大胆なスタイルではあるが、ポートフォリオは読み手の立場で作る、という鉄則にのっとった模範例だ

受賞歴をPR

ランドセルの中面背表紙部分に、プロフィールと受賞歴を付記。実社会での賞歴をきちんと明示する一方、ポートフォリオのテーマにあわせて、学生服を着用してセルフポートレイトを撮り下ろすなど、趣向を凝らした遊び心のある仕様になっている

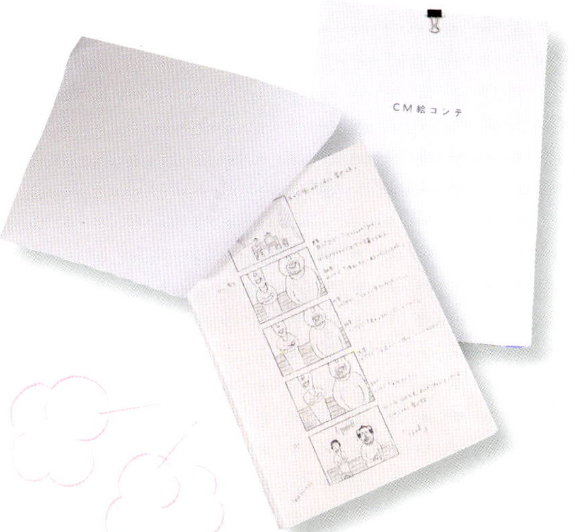

絵コンテ集を付属

「アートディレクターとCM制作希望だったので、どちらにも対応できるようなポートフォリオを意識して作りました」と、吉兼さん。ポートフォリオの中にも絵コンテは載っているのだが、別に絵コンテ帳を付属したのは、読み飛ばされてしまう可能性が高かったから。絵コンテだけもっと見たいというケースにも対応可能とした

まさにサプライズ！
ポートフォリオに対しての見方が
変わっちゃったよ。

作品実物を添える

アートディレクターを任され、ポスターやWebサイトなどデザインのほとんどを担当した学園祭。そのパンフレット実物をブック・イン・ブック形式で添付するだけでなく、使用場面も写真で示している。読み手が能動的に添付物を手にとるように誘導させるギミックだ

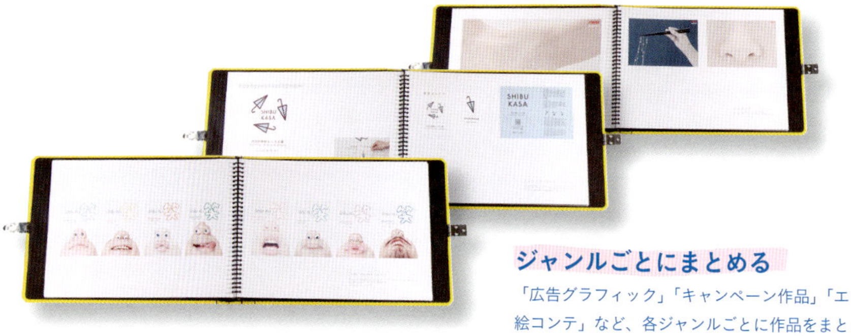

ジャンルごとにまとめる

「広告グラフィック」「キャンペーン作品」「エキシビジョン作品」「CM絵コンテ」など、各ジャンルごとに作品をまとめている。作品収録順序は直感で「よい」と思ったものから並べたのだという

「ピカピカの社会人一年生」が
テーマです。学業成就のお守りを
付けなかったのが心残りです。

コピーで魅せる

課題・自主制作作品ともに、テーマにふさわしいキャッチコピーを付けて、作品をより魅力的に見せている。作品にコピーをつけて見せるのは、イメージをすばやく伝えるという意味で広告業界以外でも有効な手法のひとつ。コンペなどの賞歴、作品概要などは説明キャプションできちんと説明している

製本にも工夫

本体部分の製本も手作りで仕上げている。A３サイズに片面出力したインクジェット用紙を天地のズレがないか厳しくチェックした上で、張り合わせて一枚に。めくりやすい紙の厚さに仕上がり、クリアファイルなどのフィルムを通さないため読みやすい

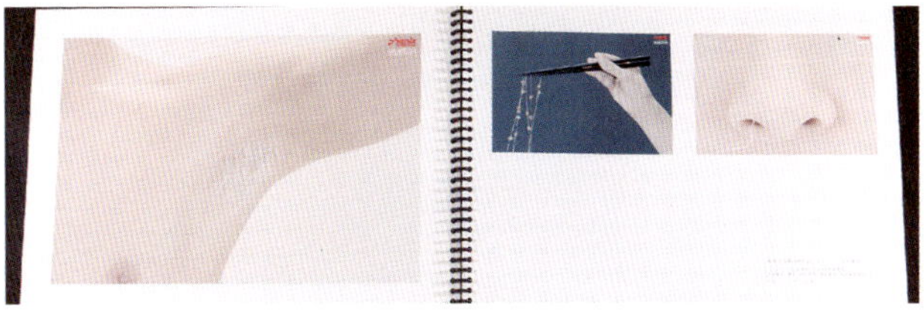

シンプルなレイアウト

外装や個々の作品にインパクトがある分、それらを引き立たせるためにあえてレイアウトはシンプルに仕上げている。はじめに Illustrator でガイドラインを引いて、そこに作品をはめ込んでいく手順で上手くまとめ、全体のバランスをとっている

実社会での活動をアピール

「シブカサ」キャンペーン・ビジュアルなど他学校との共同で制作した作品や、コンペ入選作品など、学校課題以外の作品も多く掲載。実社会での活動歴をアピールしている

採用されたポートフォリオ“03” プロダクトデザイン業界

見る人を楽しませる工夫

的場 浩介さん
九州産業大学デザイン学科プロダクトデザイン専攻4年生。2008年某プロダクト制作会社に内定。4月よりプロダクトデザインの仕事に就く。

ポートフォリオ情報
サイズ：A3
頁数：40ページ
製本：クリアファイル
製作期間：4ヶ月

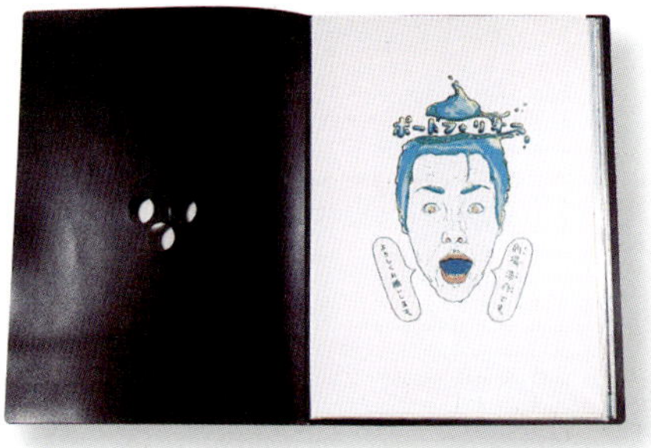

穴空き表紙で印象付け

市販のファイル表紙を3ヵ所くり抜き、穴あき加工を施したポートフォリオ。表紙をめくった1ページ目にある、自画像イラストの目と鼻の部分が見えるようになっている。ユーモアのセンスが伺えるインパクトのある装丁だ

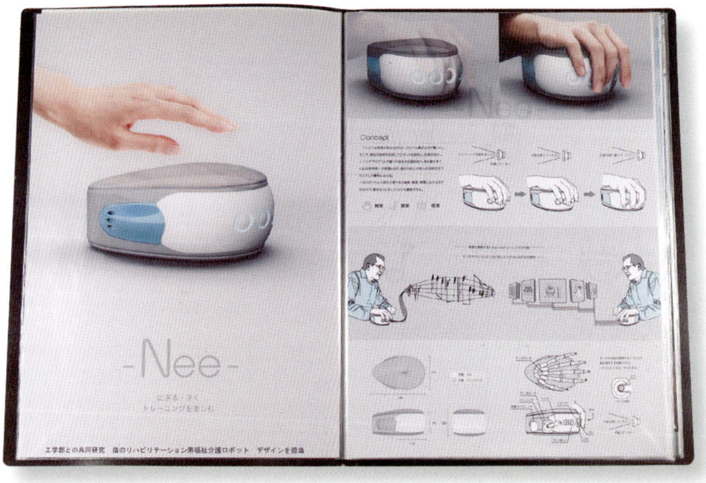

アイデアを絵で見せる

プロダクトデザインの製品コンセプトをイラストで図示。メインの作品のほかに、実際のデザイン工程で基点となるいくつかのアイデア展開を提案して見せている。自身の発想力を強くアピールしつつ、使用イメージ図なども入れ込んで、見やすく仕上げた

実物で受賞歴をPR

過去の受賞歴をアピールするにあたり、受賞時にもらった賞状をそのまま掲載している。文字にすると見逃してしまいそうな賞歴も、ビジュアル化するとしっかりとアピールできるという好例

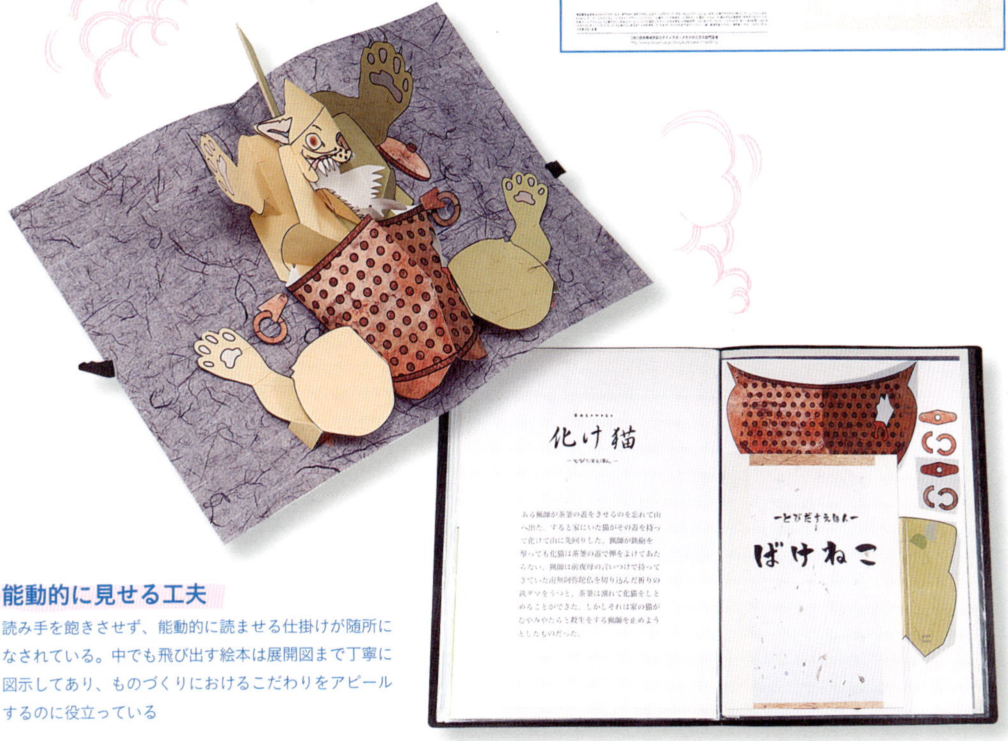

能動的に見せる工夫

読み手を飽きさせず、能動的に読ませる仕掛けが随所になされている。中でも飛び出す絵本は展開図まで丁寧に図示してあり、ものづくりにおけるこだわりをアピールするのに役立っている

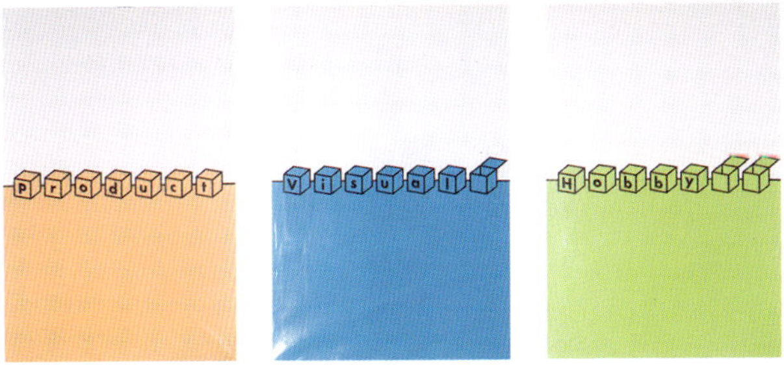

カテゴリー別の中表紙

「プロダクト」「ビジュアル」「ホビー」の3種のカテゴリーに分けて中表紙を付けている。各中表紙はデザイン共通で、寒色系の3色（イエロー、ブルー、グリーン）で統一感を持たせて、すっきり、わかりやすく見せている

採用されたポートフォリオ“04” 映像・CG業界

スキルをわかりやすく見せる

安藤 弘樹さん

日本電子専門学校、コンピュータグラフィックス科卒業後、株式会社デジタルフロンティアに2005年入社。現在は映像デザイナーとして活躍している。

ポートフォリオ情報

サイズ：A4

頁数：33ページ

製本：クリアファイル

製作期間：1週間

キャプションでしっかり

作品のクレジットやキャプションもポートフォリオの大切な要素のひとつ。Maya、Photoshop、Premiereなど使用したアプリケーション、コンセプト、制作年月日をもれなく付記している。製作に費やした所要時間、映像の分数、賞歴など、作品に関わる一連のデータもあるとなおよい

インデックスを付ける

表紙の次にインデックスを設けて、ポートフォリオ全体の構成をきっちりと示している。ついつい過剰に強調してしまいがちなプロフィールは一番最後の奥付部分で丁寧ににまとめて、「3DCG」「2DCG」「CGアニメーション」など「できること」を先に提示している

03 - 20 Three Dimensional Computer Graphics

04 - 06 Logo Animation:30sec

07 - 09 CM Animation:28sec

10 - 17 CG Animation Plan + Story Board

10 - 13 Sun On The Field

14 - 15 スプリングマン

16 - 17 ミラクル原始人

キャラクター表を付ける

オリジナルアニメーションのキャラクターの一覧表を掲載。細かい舞台背景や性格が設定されており、読み手が作品のイメージをつかみやすいよう工夫がされている

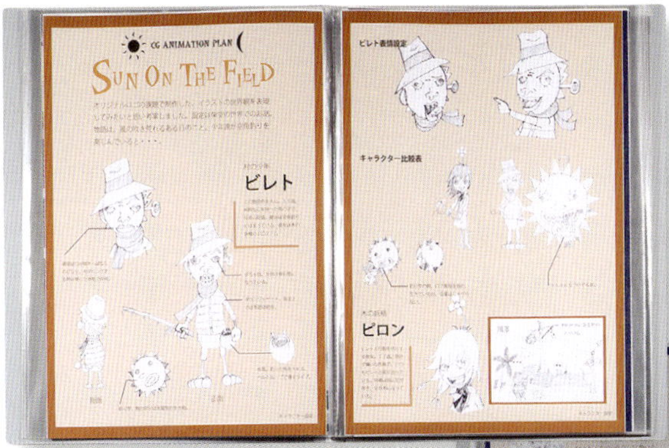

コンテを綺麗に見せる

映像作品の絵コンテはきちんとデザインし、ナレーションや効果音などの説明キャプションと並べている。枠のレイアウトをのこしたまま、フレームの外にはみ出した鉛筆のタッチの勢いなどをそのまま掲載している

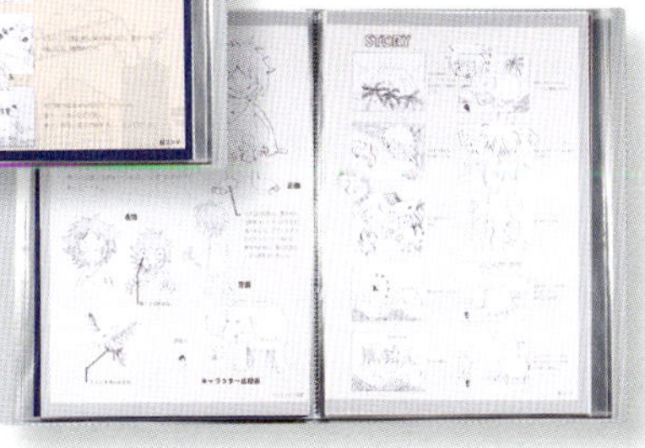

作品ごとにテイストを変える

手描きイラスト風の場合は温かみのあるオレンジやイエローなどの暖色系、クールな印象の場合はブルー、グレーなどの寒色系など、ベースに引くシルエットや地紋、アイコンなど、それぞれの作品が持つテイストに合ったデザインをしている

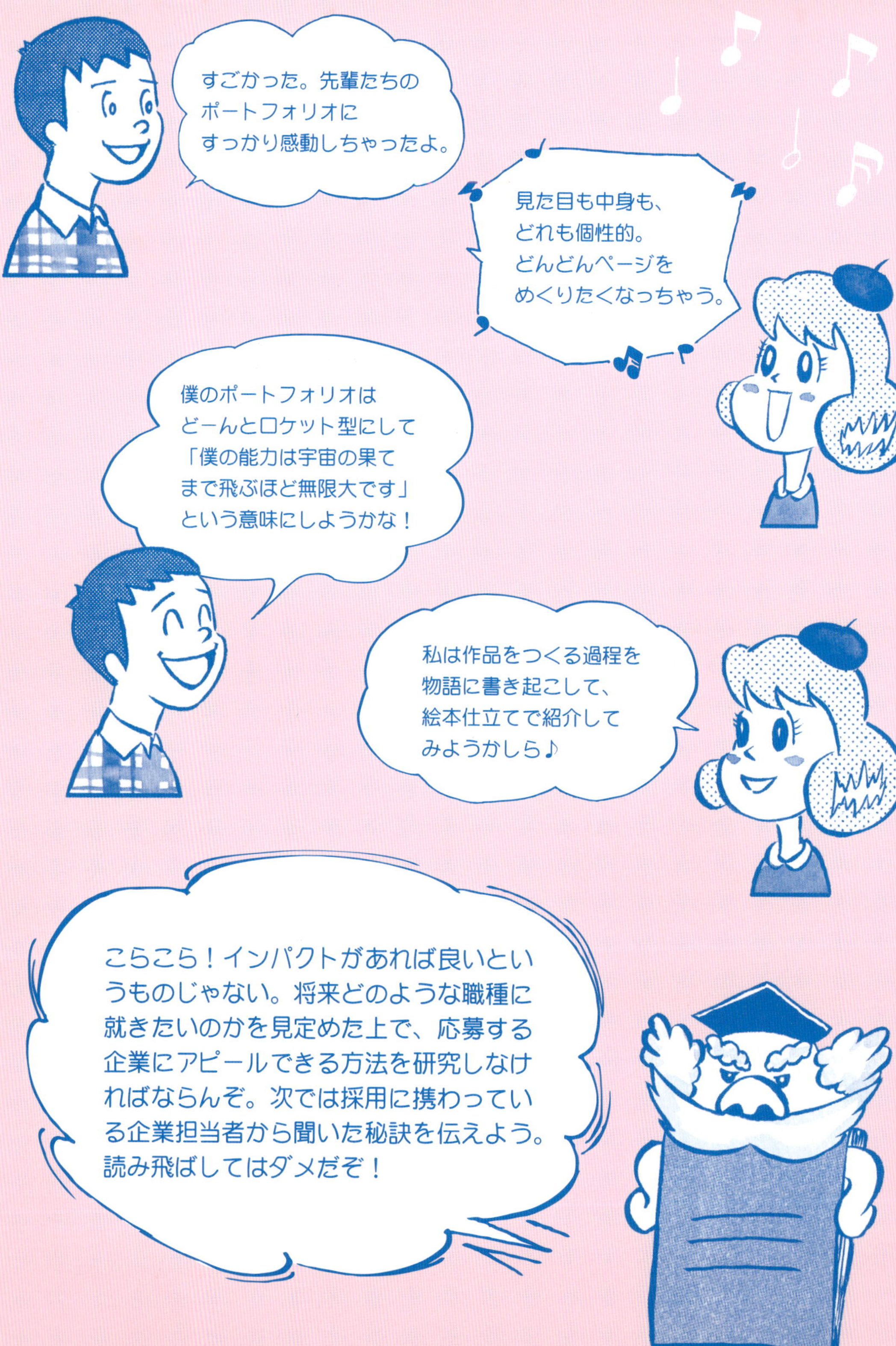
すごかった。先輩たちの
ポートフォリオに
すっかり感動しちゃったよ。
見た目も中身も、
どれも個性的。
どんどんページを
めくりたくなっちゃう。
僕のポートフォリオは
どーんとロケット型にして
「僕の能力は宇宙の果て
まで飛ぶほど無限大です」
という意味にしようかな！
私は作品をつくる過程を
物語に書き起こして、
絵本仕立てで紹介して
みようかしら♪
こらこら！インパクトがあれば良いとい
うものじゃない。将来どのような職種に
就きたいのかを見定めた上で、応募する
企業にアピールできる方法を研究しなけ
ればならんぞ。次では採用に携わってい
る企業担当者から聞いた秘訣を伝えよう。
読み飛ばしてはダメだぞ！

PART 3

業界ごとの採用ポイント

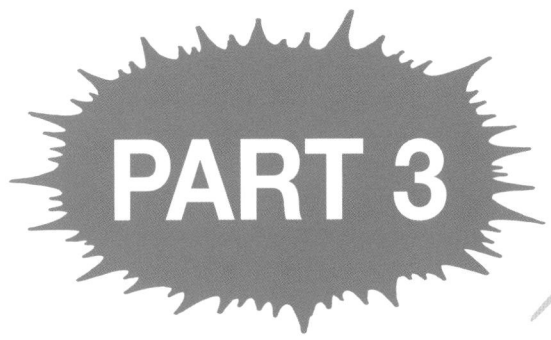

将来の自分をイメージしよう

ポートフォリオを作る前に行う重要なこと。それは、自分がやりたい仕事像をイメージしておくことです。それが曖昧なままでは、企業にアピールするポートフォリオを作ることはできません。自分の将来を具体的に考え、キャリアプランを設計していきましょう。

やりたい仕事を見つける

クリエイティブな職業と一口に言っても、さまざまなフィールドがあります。さらに、インターネットやモバイルの急進によって、その領域は広がりつつあります。まずは業界、職種の情報収集から始めましょう。最初は手がかりが少なくて難しいかもしれませんが、知識が増えていくうちに、自分の希望する未来像が見えてくるはずです。
キャリアプランを組み立てるには、次の３つのポイントを明確にしておく必要があります。１つ目は自分がやりたいこと。２つ目は自分が得意なこと。そして最後は理想の仕事像です。この３つが伝わることが、よいポートフォリオの条件ともいえます。しかし、実際に仕事をしてみるまで、わからないことも多いでしょう。書籍や Web サイトの情報だけでなく、OB 訪問やインターンシップの制度などを使って積極的に、その業界自体を実体験しておくことをおすすめします。実際に自分の目と耳で体感することが、自分の将来をイメージする、一番の近道なのです。

仕事像をイメージする3つのポイント

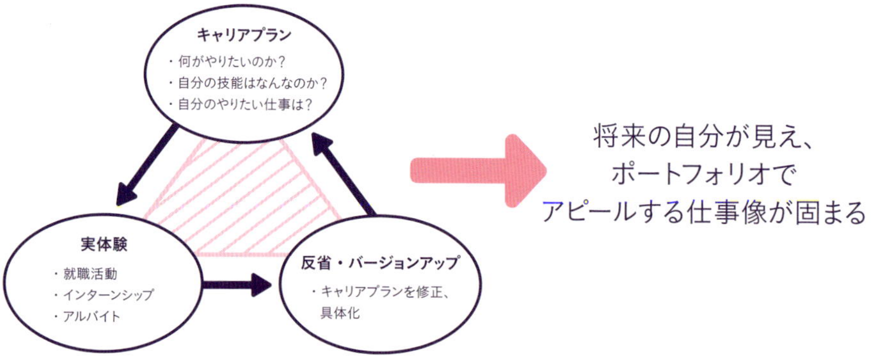

コンテンツ産業の動向

クリエイティブ職の多くが、コンテンツ産業（映像、映画、テレビ、アニメーション、音楽 、ゲームなどの産業の総称）に従事しています。産業全体の成長率が低下する中で、高い伸び率を誇るコンテンツ産業は、今後日本の産業界を牽引する領域として注目を集めています。経済産業省が発行しているデジタルコンテンツ白書によれば、日本のコンテンツ産業の市場規模は２００７年の統計で約１３兆８１８０億円で、日本の国内総生産（GDP）の約２％を占めています。

グローバル化する市場

日本の市場規模は、米国に次ぐ世界第２位の規模。しかし、米国の海外市場での売上が約１８％であるのに対して、日本は約２％と大きく差をあけられています。グローバル市場を取り込むビジネスモデルを開発してきたアメリカに対して、日本のコンテンツ産業は国内市場に大きく依存している状態です。よって、日本でも欧米やアジア市場で勝負できるコンテンツの開発が急務となっており、グローバルな視点で考えられる人材が求められているのです。

コンテンツ産業の市場規模

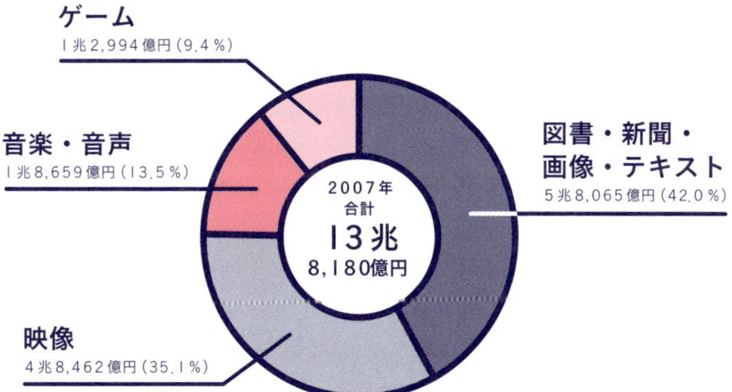

グラフ出展：「デジタルコンテンツ白書2008」

コンテンツ産業の主要7業界の見取り図

コンテンツ産業といっても、クリエイティブ職が活躍できる職種はさまざまで、その領域は広大です。
ここからは特に主要な7つの業界に絞り、制作のフロー、各職種のステップアップ例を紹介していきます。

心に響くメッセージを伝える

広告

従来までのテレビ、ラジオ、新聞、雑誌での広告に加えて、Web、モバイル、さらにはOOH広告（交通機関や屋外での広告）と媒体の種類が急速に拡大している。その他やメディアミックス的なアプローチでの仕事も増加

プロデューサー　CMディレクター　クリエイティブディレクター　アートディレクター　など

美しく機能的な表現を作り出す

プロダクトデザイン

家具や家電、自動車やキッチン用品などから、ビルのファサード、駅の改札機まで、さまざまな分野にわたる製品に形を与えている。近年では子供からお年寄り、障害者まで使えるユニバーサルデザインや、地場産業復興の仕事も注目されている

商品プランナー　企業内デザイナー　独立系デザイン事務所デザイナー　など

日進月歩する時代の寵児

Web・モバイル

この10年間で急激に普及し確立した、Web・モバイル業界。最も新しく、最も勢いを持った業界であるがゆえに、今後の技術の発展やさまざまなサービスの展開など、めまぐるしい速度で大きな変化があることが予想される

エンジニア　ディレクター　デザイナー　など

CGを作りたいけど、
どの業界に行けばいいんだろう……

撮影・上映の幅や形もさまざま

映像・CG

映画、テレビ番組、CM、PV などさまざまな形で映像制作の仕事は必要とされる。2011 年からテレビがデジタル放送へ移行することもあり、限られた分野以外はほぼデジタル化が完了。Web・モバイルでも映像コンテンツの発展が著しい

プロデューサー　監督　演出　など

クオリティの高さは海外でも注目

ゲーム

3D 映像や臨場感あふれるサウンドなど、高度な表現を持った次世代機系の大作と、モバイルやオンラインで気軽に楽しめるカジュアルゲームに分化が進み、既存のゲーム領域にとらわれない幅広いコンテンツが求められている

プロデューサー　プログラマー　プランナー　デザイナー　など

世界も認める最先端の映像表現

アニメーション

世界で放送されているアニメの６割が日本製といわれるほどに、世界的なアニメ大国である日本。制作環境のデジタル化が進むにつれて、活躍の場も従来の放送・パッケージから、ゲーム、Web、パチンコ・パチスロなどに拡大中

プロデューサー　監督　アニメーター　など

ヒット機種開発がカギを握る

パチンコ・パチスロ

アミューズメント産業でも多大なシェアを誇るパチンコ・パチスロ業界。筐体のハイテク化が進むにつれて液晶画面も大型化し、さまざまな演出表現が必要とされている。また最近では他業界とのコラボレーションも多い

プランナー　ディレクター　液晶 CG デザイナー　筐体デザイナー　など

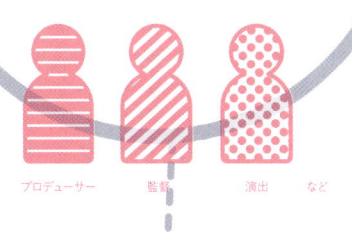

激動の時代を迎えつつある広告業界。新しい時代を作るのはキミだ！

広告業界のしくみ

大きな変化を迎えている広告業界。従来売り上げの柱だったテレビ、ラジオ、新聞、雑誌広告の割合が減少し、Web、モバイル、そして、新しいタイプのOOH広告（交通機関や屋外など）が大きな位置を占め始めています。今後はメディアミックスを意識したプランニング力が必須！

広告代理店のクリエイティブスタッフ

広告代理店のクリエイティブスタッフは、アイデアを考えるのが主要な役割。そのディレクションの下、実作業を行うのが制作会社・デザイン会社です。

CMプランナー／コピーライター

CMのアイデアを考えるのがCMプランナー。ストーリーだけではなく、タレントを誰にするのか、年間でどのように展開するのかなど、CM企画のすべてをプランニングします。
クライアントから承認された後は、CM監督に発注。具体的な制作がスタートします。このとき、ロケハン、撮影機材の調達など、実作業を担当するのが制作会社です。
コピーライターは、キャッチコピーなど言葉周りを、CD（クリエイティブディレクター）はCM、グラフィック、インターネットなど、キャンペーン全体を統括します。

AD／デザイナー

雑誌、新聞、ポスターなど、グラフィック・アイデアを考えるのがAD（アートディレクター）。クライアントの承認後デザイン会社に発注し、デザイナーと共に実作業を行います。

こんな風にステップアップできる

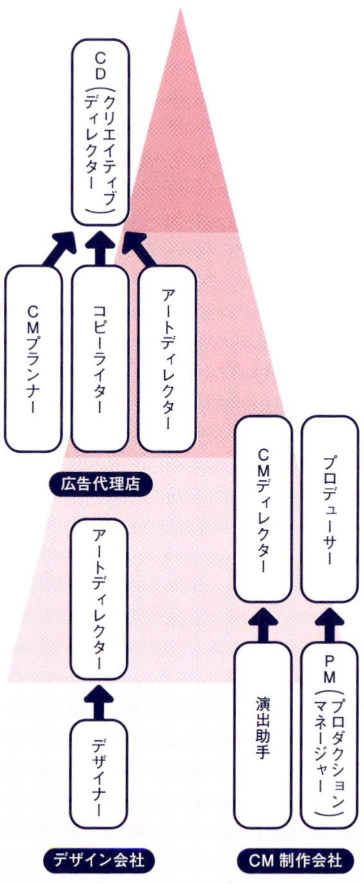

広告業界の制作フロー

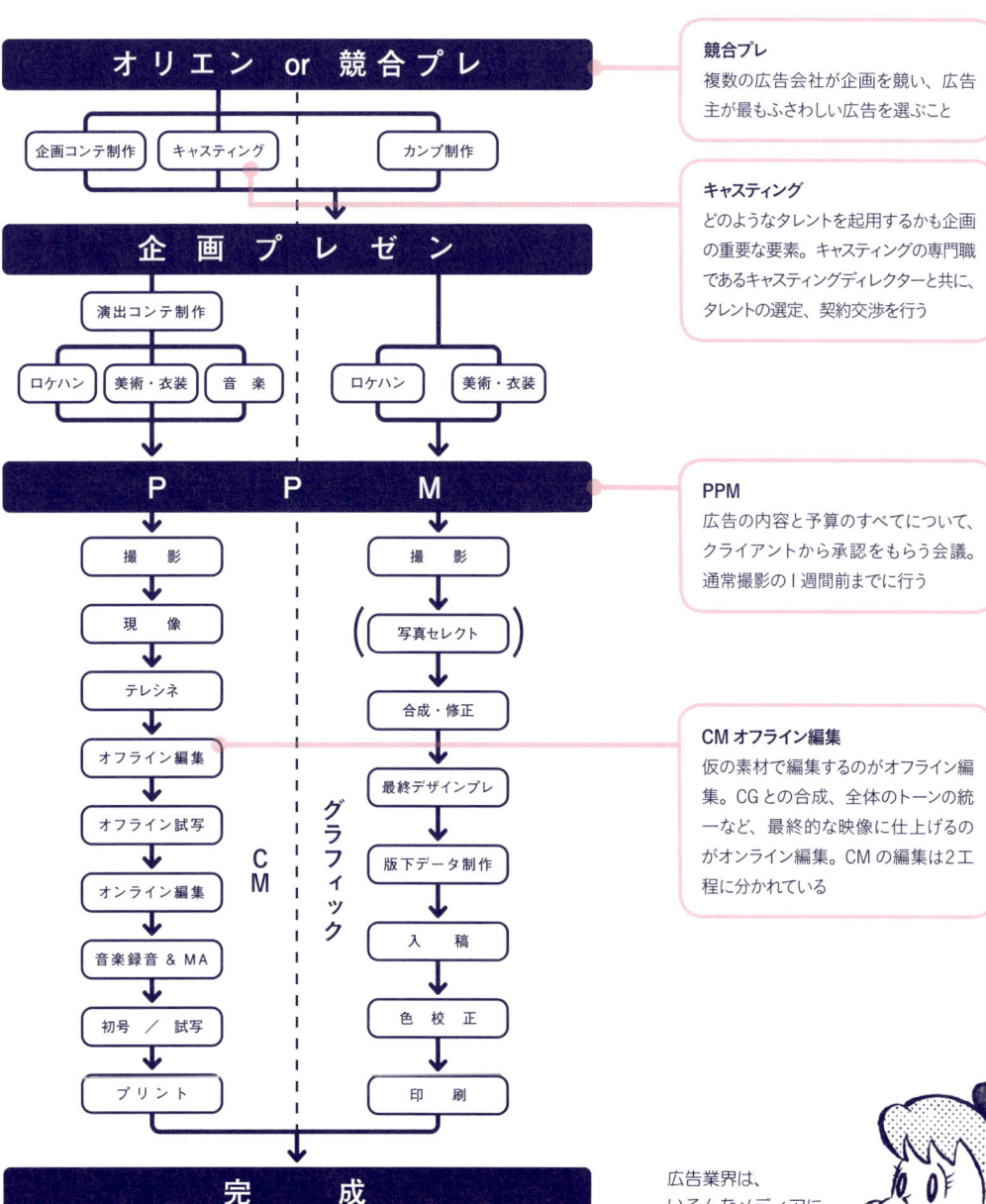

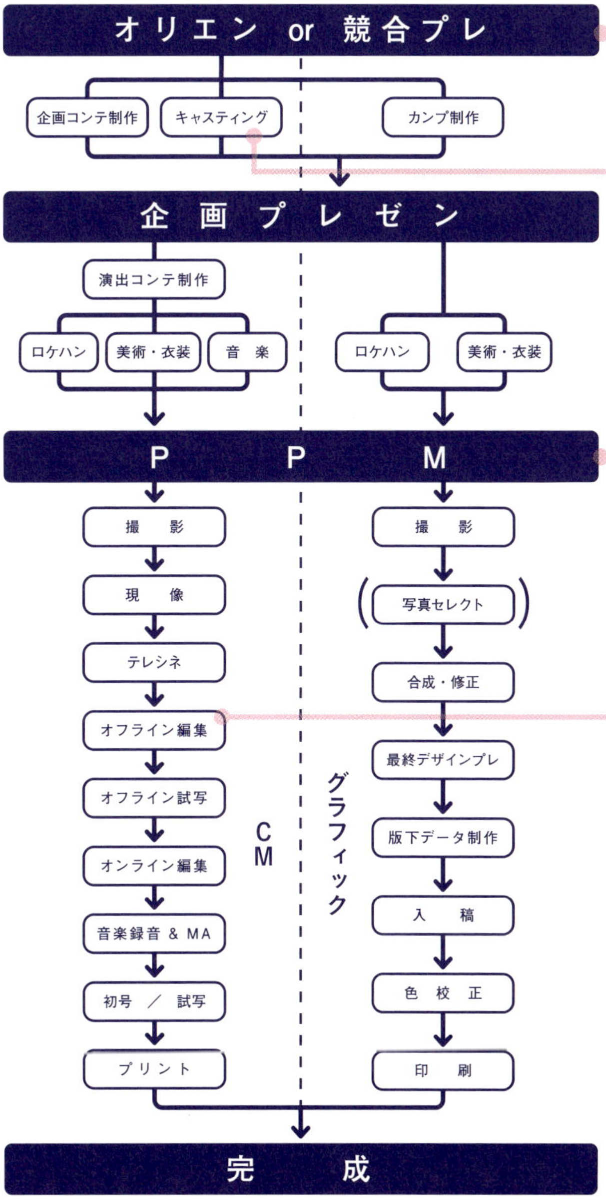

競合プレ
複数の広告会社が企画を競い、広告主が最もふさわしい広告を選ぶこと

キャスティング
どのようなタレントを起用するかも企画の重要な要素。キャスティングの専門職であるキャスティングディレクターと共に、タレントの選定、契約交渉を行う

PPM
広告の内容と予算のすべてについて、クライアントから承認をもらう会議。通常撮影の1週間前までに行う

CM オフライン編集
仮の素材で編集するのがオフライン編集。CG との合成、全体のトーンの統一など、最終的な映像に仕上げるのがオンライン編集。CM の編集は2工程に分かれている

広告業界は、
いろんなメディアに
またがっているのね！

企業担当者に聞くポートフォリオのポイント“01”

株式会社 博報堂プロダクツ

鍬形 治さん

企画制作事業本部 企画制作第一部長。クリエイティブディレクター。自動車メーカー、航空会社、アンダーウェアメーカー、学校法人などのクライアントを担当。毎年デザイナー採用にも携わる。

企業データ

□設立：2005年10月 □事業内容：広告とプロモーションのあらゆる実施領域において、プロフェッショナルとしての「こしらえる力、実施する力」で得意先課題を解決する博報堂グループの総合広告制作事業会社 □従業員数：1,110名（2008年12月1日現在）□平均年齢：35歳 □初任給：月給25万円（2008年実績）□新人募集：毎年実施。採用情報はホームページに掲載。□新卒採用実績：2008年度49名、2009年度62名予定 □応募資格：新卒採用は、2009年4月～2010年3月までに4年生の大学又は大学院を卒業見込みの者。デザイナーを志望する者は、美術系の4年制大学、大学院で専門的に学んでいることが条件。
□ホームページ：http://www.h-products.co.jp/

一人歩き出来るポートフォリオ

博報堂プロダクツは、「こしらえる力」ということを企業メッセージに掲げています。ポートフォリオで見る点もまったく同じ。現場が好きで、作ることが好きかどうか。そのことを、作品を通じてまず見ています。そしてそれと同時に重視していることがもうひとつ。自分の作品にどれだけ愛着を持ち、どれだけ丁寧に人に伝えようとしているか。その力も見ていますね。「一人歩きできるポートフォリオ」、この言葉がキーになると思います。一次審査の段階では、ポートフォリオの横に立ってプレゼンをすることはできませんよね。ポートフォリオ単体で見られたときに、作品や自分自身をきちんと伝えられる作りになっていることが大変重要です。だから、ただ作品をファイリングして終わり、なんていう方法は論外。テーマ別なのか、制作物のカテゴリー別なのか、区分立ては自由ですが、全体を通して、何が好きで何が得意な人間なのかを、はっきりと伝えられるものになっていなければなりません。

ポートフォリオに入れる一つひとつの作品についても、ただ見せるだけでは不十分です。例えば学校の課題作品なら、「どういう課題が与えられて、それに対して自分はどう考えてこの作品を作ったのか」自主制作作品なら、「何故この作品を作ったのか。何を伝えたかったのか」思考のプロセスや制作意図を、文字情報できちんと説明することが必要です。
要は、作品だけを送りっ放しにしないこと。コミュニケーションを億劫がらずに、文字もレイアウトも、すべてを使って作品をプレゼンテーションしてほしいと思いますね。

広告＝コミュニケーション

クライアントから何らかの課題が与えられて、それを解決するのが広告の仕事。ポートフォリオを通して我々が見ようとしていることは、結局､広告の世界で働くための潜在能力なんです。そのことを意識してポートフォリオ作りをしてほしいと思います。

HAKUHODO PRODUCT'S Image

社内のフォトスタジオ
博報堂プロダクツには、フォトグラファーやCMプランナーなど多彩な才能が集っている。グラフィックデザインにとどまらず、広告制作の幅広い領域に渡って充実した社内制作体制をもつことが同社の強みとなっている。

PRODUCT'S

新ロゴマーク
2008年5月に新しく導入された同社ロゴ。

POINT!

自立したポートフォリオを目指せ　口頭での説明がなくても理解されるよう作ること
作品の背後にある意図が知りたい　思考過程や制作意図も文字情報で伝えてほしい

多種多様な製品の形をデザインする

プロダクトデザイン業界のしくみ

プロダクトデザインは身のまわりの工業製品をデザインする仕事です。見た目の美しさだけではなく、これからは障害を持つ人々に配慮したユニバーサルデザインや、リサイクル可能な環境負荷の少ないデザインなどが求められるようになっていくでしょう。

企業内デザイナー

各種メーカーに所属して企画・デザインをする社内デザイナーのことをインハウスデザイナーといいます。日本の企業のほとんどのプロダクトは、そうしたインハウスデザイナーたちによってデザインされています。企業がもっている技術力や、資金を生かして、さまざまな経験を積むことができる職種です。

独立系デザイン事務所

専門のプロダクトデザイン事務所、設計事務所では、そこへ外注されてくる依頼された仕事としてプロダクトデザインに関わります。実力次第では企業内で経験を積んだあと独立し、自分自身のデザインオフィスを立ち上げるプロダクトデザイナーもいます。

商品プランナー

市場調査を元に製品のコンセプト、技術的な課題、投下資本金額、販売戦略、生産量や発売時期などを計画書にまとめます。こうしてでき上がった計画書に沿って、開発する商品の内容や日程がデザイナーに示されます。

こんな風にステップアップできる

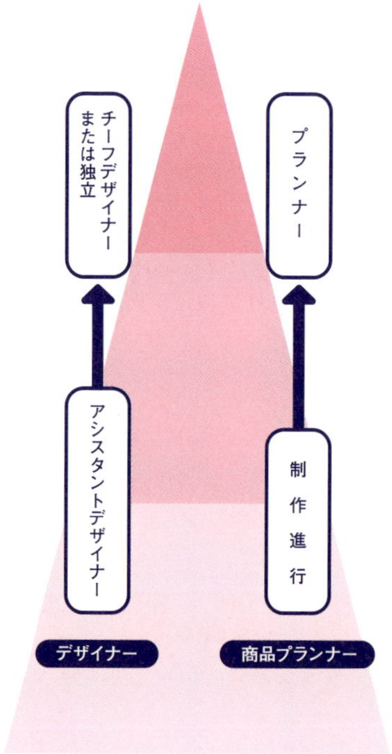

プロダクトデザイン業界の制作フロー

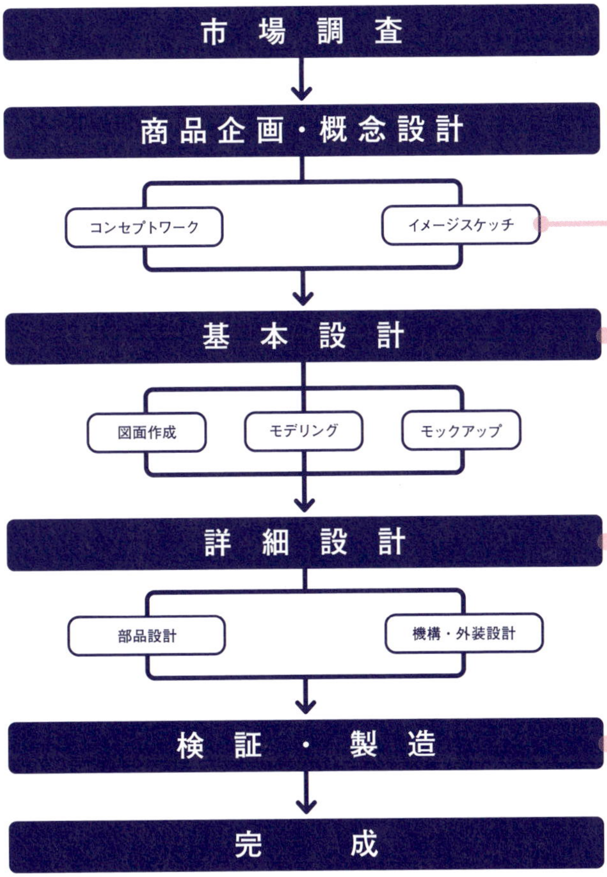

イメージスケッチ
アイデアを実際に平面で形にしてみる作業。開発する商品の全体的な造形イメージを作る

基本設計
平面でスケッチしたものをもとに、意匠図面を作成。3D モデリングを用いて立体の設計を行う。最終的には、実際のモックアップを作成し、デザインを検討する

詳細設計
パーツの構成、機能、使用感、製造コストなどを考慮しながら金型の設計図へと落とし込んでいく。技術面、コスト面でできることとできないことをすり合わせる。不具合があればデザインの再検討を行う

検証・製造
実際に製品化することに決まった企画は、仕様を決定し、工場での量産が始まる。世の中の流れや競合製品によって仕様が変更になるなど、細かい課題をクリアすることが求められる

企画から完成まで、数年かかる仕事も多いんだって。長い目で見通せる力が必要なんだな……

企業担当者に聞くポートフォリオのポイント“02”

ソニー株式会社

中泉 広さん

クリエイティブセンター クリエイティブマネジメントグループ統括部長。ソニー・エリクソン誕生時にCI、VIの責任者として関わるなど、手がけたプロジェクトは多数。現在、デザイナー採用の責任者でもある。

企業データ

□設立：1946年5月 □事業内容：〔グループ全体〕オーディオ、ビデオ、テレビ、情報・通信、半導体、コンポーネントなどからなるエレクトロニクス事業とともに、グループとしてゲーム、映画、金融、その他の分野の事業を展開〔クリエイティブセンター〕エレクトロニクス製品を中心とするソニーグループの商品やサービスのデザインに関わる業務 □従業員数(内デザインチームの従業員数)：17,555人(2008年3月末現在：単独 ソニーのみ) 180,500人(2008年3月末現在：連結 グループ全体)／デザイナー数（※事務系社員含まず）国内約200名、海外 約50名 □平均年齢：非公開 □初任給（月給）：修士了 242,500円、大学卒 初任給 210,000円(2008年7月実績) □新人募集：採用関連情報は年間を通じて、http://www.sony.co.jp/design/ に掲載 □採用実績：毎年若干名 □応募資格：(新卒) 2010年3月末までに大学、大学院および高等専門学校卒業見込み者、および同程度の学力を有する者 □ホームページ：http://www.sony.co.jp/ (ソニー) http://www.sony.co.jp/design/ (Sony Design)

変化を迎えているAV機器業界

AV機器のデザインは今、大きな変化の中にあると思います。まず、商品が単体で存在するばかりではなく、例えば、テレビ―PC―デジタルカメラなど、複合的に結びついて機能する場面が増えている。これらをトータルにデザインすることができれば、生活環境やライフスタイルそのものをデザインすることになるわけです。

それから、携帯電話が典型的ですが、商品の中でどんどん液晶画面のサイズが大きくなっていて、そこで機能が展開していくというケースが増えていますよね。常に画面の中のインターフェイスデザインを視野に入れていかなければいけないわけです。

また、従来に増してマテリアルの重要性も高まっています。例えば、革製のパソコンとかブロンズ色のデジカメなど。これも新しい動向だと思いますね。

プロダクトデザイナーに求める力

ただ、時代は変わっても、デザイナーに求めることの根幹は変わりません。美しいものを作り出す力を持っているかどうか。ポートフォリオでは、まず第一にこの力を見ています。

もちろん、どのように見せてくれているかについても大変注目しています。例えば、レイアウトが美しくないものは印象がよいとはいえません。作品や文字がびっしり詰まり過ぎていて、目が迷ってしまうようなものなどがそうですね。それから、作品の数も多ければ評価が高いわけではなく、絞って見せてほしい。自分の強みは何なのかをきちんとプレゼンテーションしてほしいと思います。

先程マテリアルの話をしましたが、AV機器の開発には大体1～3年という時間がかかります。そのときにデザイナーは未来を見据え、「2年後にブロンズ色が来ます」と、営業や設計をはじめ大勢の部門の人を説得していかなければならないんです。

Sony's Work

デジタルHDビデオカメラ "ハンディカム"「HDR-TG1」
2008年度グッドデザイン賞 金賞受賞

デジタルスチルカメラ "サイバーショット"「DSC-T77」

POINT!

美しいものを作り上げる力が見たい　作品だけでなく、レイアウトなど、作品の見せ方も注視

コミュニケーション力も見ている　制作の思考プロセスを文字情報などで伝えてほしい

日々進化し続けるWeb、モバイル業界で働く

Web・モバイル業界のしくみ

Web、モバイルが広告の中で存在感を示し始めたのはまだこのほんの数年のこと。デザインを支える技術も日々進化し、大きな可能性に満ちた業界です。Flashなど動画コンテンツの多用、他のメディアと連動した広告展開など、新しい動きはまだ始まったばかり。

Webディレクター、デザイナー、エンジニア

クライアントの要望をヒアリングし、サイトの企画を立ててプレゼン。企画決定後、スケジュールと予算まで含めて、総合的に管理するのがWebディレクターの仕事。

デザイナーは、企画を見た目に美しいデザインに落とし込むだけではなく、サイト全体の使いやすさを見通して必要情報を構成していかなければなりません。Web特有の高い情報設計能力が求められます。

サイトの企画が決定したら、その内容に応じて、システムの設計、運営、管理を行うのがWebエンジニアの仕事。

モバイルディレクター、デザイナー、エンジニア

仕事の内容はWeb業界と同様ですが、より歴史の若い業界だけに、早くから責任ある立場に就くことになるのがモバイル業界。日進月歩で新しい技術が開発されているので、常に情報収集を怠らない努力が必要です。

また、モバイルの小さな画面の中で、情報をわかりやすく表現することが求められています。

こんな風にステップアップできる

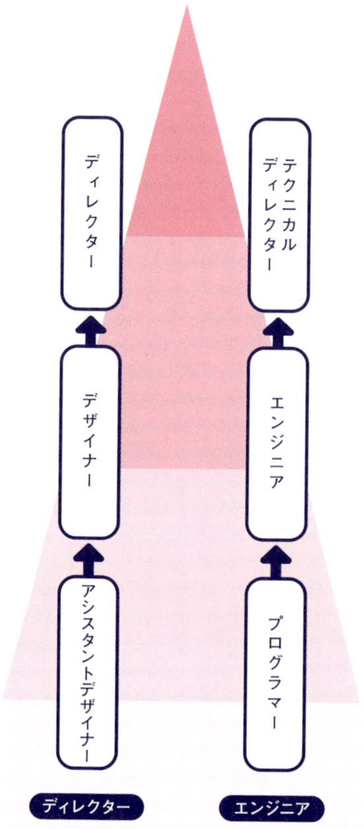

Web・モバイル業界の制作フロー

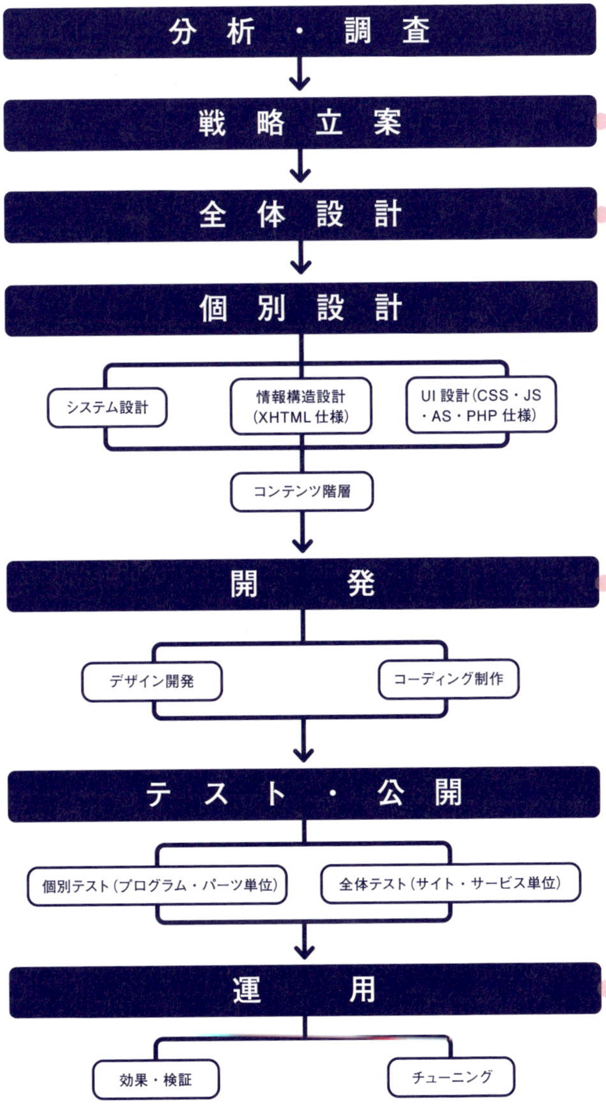

戦略立案
プロジェクトの全体の計画などを立案する。その際に、プロジェクトの目標とそれを達成するための戦略、そして運用の体制、進行のプランなどを決める

全体設計
クライアントからのヒアリングを受けて、全体要件定義、人員配置、予算見積もり、制作スケジュール作成、システム要件定義などを行う

開発
デザイナーがインターフェイスのイメージをデザインに落とし込む。デザインが仕上がったら、プログラマーが、Web サイトで公開できるように決められた仕様に沿ってコーディングする

運用後のチューニング
アクセスログから見られる SEO・SEM などのマーケティング観点、アクセシビリティ対策などのユーザビリティ観点から修正を行う

当たり前に使ってる Web やモバイルだけど、こんなに複雑な仕組みでできあがっているのね！

デザイナー選考担当者に聞くポートフォリオのポイント“03”

株式会社 アイ・エム・ジェイ

樋口 正樹さん

デザイングループ マネージャー、アートディレクター。96年入社。ショッピングモール、金融、自動車会社などを顧客に持ち、サイトデザインを中心に、ブランディングやセールスプロモーションまで幅広く担当。

企業データ

□設立：1996年7月 □事業内容：Webインテグレーション、モバイルインテグレーション、エンタテインメント、広告マーケティングの4事業を柱に、ビジネスにおけるメディア戦略をトータルにプロデュースするインタラクティブ・エージェンシー □従業員数：従業員数473名（2008年3月末現在） □平均年齢：30歳 □初任給：大卒22万円 □新人募集：新卒 毎年4月 □採用実績：2008年度新卒採用50名 中途採用30名 □応募資格：（新卒採用）大卒以上（中途採用）学歴規定なし □ホームページ：http://www.imjp.co.jp/

見られる事を意識したポートフォリオ

Web業界のデザイナー採用と言うと、「Webデザインを専門に勉強してきたか？」「サイトを作れるか？」といった点を重視しているように思うかも知れませんが、意外とそんなことはないんです。

最も注目していることは、無から一を作り出していけるポテンシャル。だから、建築でも、プロダクトでも全然構わない。ポートフォリオでは、自分がこれまで一生懸命作ってきたものを堂々と見せてほしいですね。「この人はものを作ることが本当に好きなんだな」というところを、一番に見ています。

その上で、じゃあ、自分の作品をどう見せるか。「ものすごくたくさん作ってますよ」と量で見せるのか、絞って見せるのか。「この作品のここを見てほしい」と説明書きを付ける、カテゴリーで分ける、ストーリー性を持たせてみる。ひとつの正解がある訳ではないけれど、人に見られることを意識した作り方になっているかを、非常に重視して見ています。

僕らWebデザイナーは、クライアント、社内の営業チームなど、多くの人と関わって、説得していかなければいけない仕事。ただ「これはいいものなんです」と言っているだけじゃダメなんですよね。説得する力を持っているか？というポテンシャルを、常にポートフォリオの中に探していますね。

Web 業界が求める人材

Web は新しい業界ですが、今も日々進化が続いていると思います。最近ではクライアントから、パッケージやブランディングなど、Web の先の展開まで求められることも多い。そういうとき、例えばパッケージデザインなら、印刷業界のプロと一緒にもの作りをすることになるわけです。
自分一人だけでは作れないものを、他の人と一緒に作ることを楽しめること。そして、他の分野のプロたちと共同作業をしながら、そのリーダーシップをとれる人材。やはり、先ほど述べた、「説得する力」が重要となってきますよね。ただ漫然と作品を並べるのではなく、自分の作品が、あるいは自分という人間のどこが魅力的なのかをプレゼンしているポートフォリオ。僕らはそれを待っているんです。

IMJ's Work

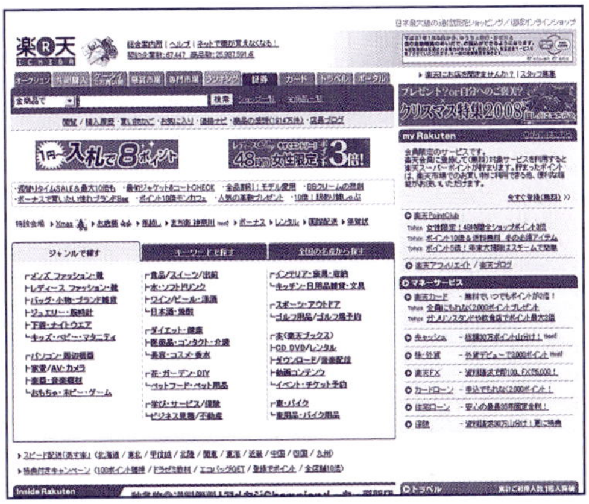

楽天市場 ©1997-2008 Rakuten, Inc.
URL：http://www.rakuten.co.jp/

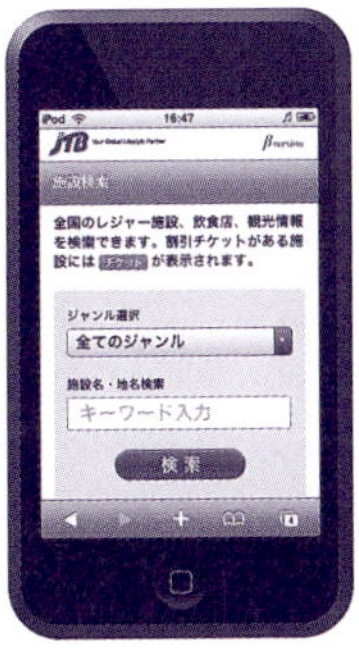

JTB 国内観光情報・割引チケット検索
（公衆無線 LAN 対応デバイス向けチケット検索サイト）
©2008 JTB
URL：http://jtb.jp/touch/

POINT!

ものを作る力が見たい！　Web 作品以外でも OK。堂々と作品を見せてほしい
人を説得する力も見ている　作品や自分自身の「何を見てほしいのか」明確に示そう

映像表現をとことん追求しよう
映像・CG業界のしくみ

映画、テレビ、PVなどの映像制作は、映画会社やテレビ局で企画を立てた後、映像制作会社に発注されることがほとんど。企画に携わりたいのであれば、テレビ局、映画会社に所属、編集やCGに携わりたいのであれば、ポスプロやCGプロダクションに所属すること。

助監督 → 監督(映画)／演出(TV)
監督を目指すならこのコース。助監督は担当領域が分かれていて、3rdは美術、2ndはメーク・衣装、1stになると撮影当日のスケジュール組みなどを担当しながら、演出に関する経験を積んでいきます。

制作(映画)／AD(TV) → プロデューサー
制作進行→主任→担当とキャリアアップしながら、撮影までの進行と予算に関わるのが制作／AD。経験を積んだあとプロデューサーになれば、企画を立案し、制作予算全般を管理する立場に。テレビ業界の場合は、APの段階でタレント周りの業務を担当します。

ポストプロダクション
編集を担当するのがエディター。TVの場合はテープ・トゥー・テープのリニア編集機、映画・CMの場合は映像をデジタルデータに変換してノンリニア編集機を使うので、専門領域が異なります。また、作品全体の色調整を行うカラリスト、テレシネマンや、MAを行うMAマンという職業も。CGに特化したいならCGプロダクションに就職しよう。

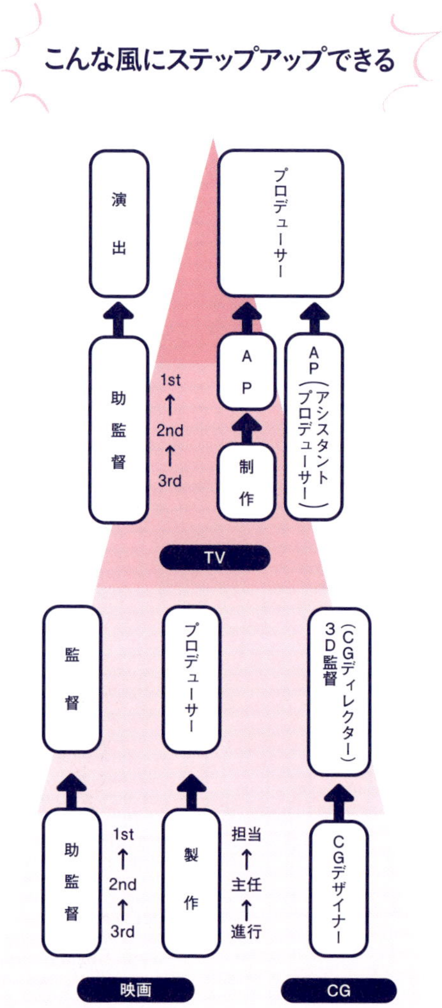

映像業界の制作フロー

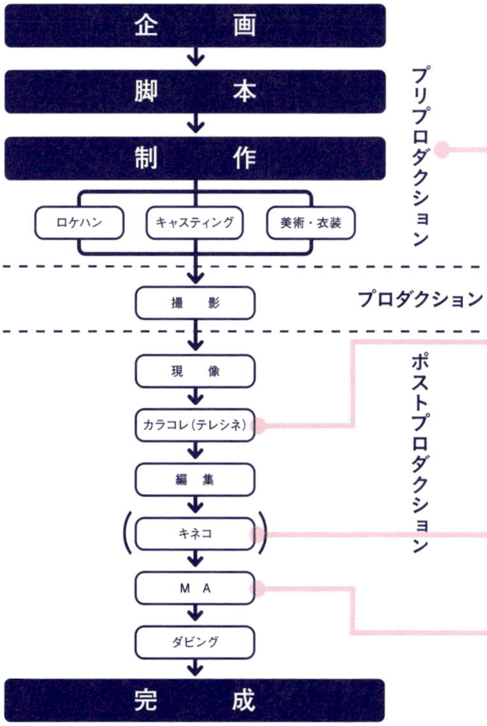

プリプロダクション
ロケハン＝ロケーションコーディネーター、キャスティングはキャスティング会社、美術＝美術さん、衣装＝スタイリスト、と、それぞれのフリーの専門家と打ち合わせをしながら内容を詰める

カラコレ（テレシネ）
ばらばらな光の下で撮影したフィルムを、全体を通して統一感のあるトーンに仕上げること

キネコ
ビデオ編集を完了した映像を、上映用にフィルムに変換すること。ビデオで撮影していてもフィルムトーンが得られやすい

MA
セリフ、ナレーション、効果音、音楽をミックスして、映像と合わせる作業

CGの制作フロー

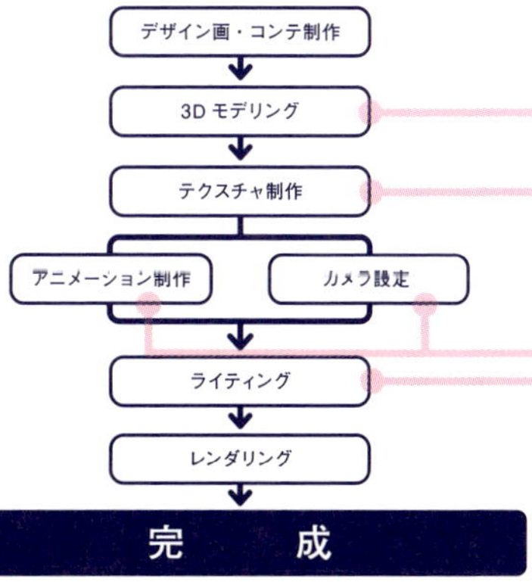

3D モデリング
モデルの形状を作成する

テクスチャ制作
色、質感をあたえる作業

アニメーション制作／カメラ設定
モデルに動きを与える

ライティング
3D の空間に、光源を設定する作業

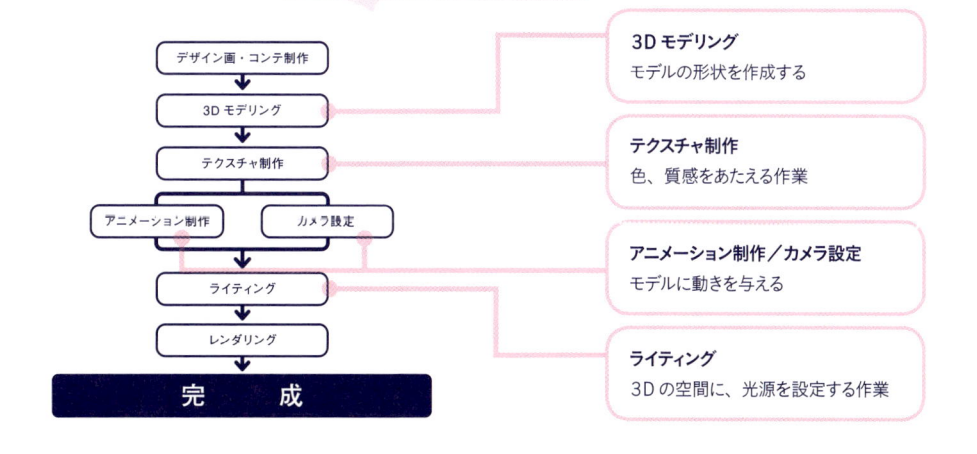

企業担当者に聞くポートフォリオのポイント“04”

株式会社 白組

八木 竜一さん

ディレクター、ビジュアル エフェクツ ディレクター。近年の代表作は、TV アニメ「うっかりペネロペ」の演出、TV アニメ「もやしもん」の CG ディレクター、CM「CR エヴァンゲリオン」の CG ディレクターなど多数。

企業データ

□ 設立：1974 年 8 月 □事業内容：アニメーション、実写合成など VFX 映像を制作する映像プロダクション □従業員数：225 名(2008 年 11 月現在) □平均年齢：20 代後半～30 代前半 □初任給：20 万円(税込・専門学校卒) □新人募集： 随時・不定期(経験者中心・新卒採用枠特になし) □採用実績：12 名(2008 年 4 月入社) □応募資格： 特になし □ホームページ：http://www.shirogumi.co.jp/

一番得意なものを見せてほしい

僕らが学生だった頃と比べると、最近の学生さんのポートフォリオはすごく洗練されて、見られることを意識した作りになっていると感じます。でも、その分、型にはまり過ぎているかなとも思うんです。

CG の作品リールもすごく大事なんですが、例えば、立体作品や、写真作品、落書きなど、いろいろなジャンルのたくさんの作品を、持っていって、自分がどういう事ができる人間かがわかるといいですね。

CG は、モニタ上に新しい 3 次元の別世界を作り上げてしまう行為。ありとあらゆる分野の知識やスキルを持った人材が必要とされる仕事です。だから、例えばポートフォリオの中にすごくセンスのいい写真作品が入っていたら、「色の感覚がいいからアートディレクターとして活躍できそうだな」とか、彫刻などの立体作品を見せてもらえれば、「モデリングの感覚が鋭いな」とわかる。

もちろん作品リールを見れば演出力が判断できますし、たとえデッサン力がそれ程高くなかったとしても、「CG のセンスがすごくよい人なんだな」とわかったりもします。

「映像が好き」「映像で人に喜んでもらいたい」、そういう思いを大前提に持っていれば、活躍できる領域は幅広くあるんですよ。だから、すっきりとまとめることよりも、できるだけたくさんの作品を持ってくることや、何にこだわって作ったのかが明確であることが、大事かと思います。

面接では何を見るか

ポートフォリオと同じくらい面接も重要です。制作志望の人はもちろん、デザイナー志望の人に対しても同様に重視しています。会社で作るCGは、共同作業になります。「自分の思いを人に真剣に伝えようとする人かどうか」ということを、受け答えから見ていますね。
それから、「好きなことは何なのか」も聞いてみたいこと。映像が好きなのは当然で、その上で、好きな分野・詳しい分野があると、CG上で架空の世界を作っていくときに大変役立つんです。思い切りアピールしてほしいですね。

Shirogumi's Work

釣りキチ三平 ©2009「釣りキチ三平」製作委員会
「釣りキチ三平」3月20日春休みロードショー

うっかりペネロペ　©うっかりペネロペ製作委員会
「NHK 教育テレビ放映 3DCG アニメーション」

POINT!

自分のこだわりを明確に　できるだけたくさんジャンルの作品を持っていく
自分の得意分野がはっきり分かるよう作ってほしい　セオリー通りのポートフォリオでなくてもよい

最先端技術を駆使して世界のトップランナーに

ゲーム業界のしくみ

ゲームハードを製造・販売するのがハードウェアメーカー。ソフトを作るのがソフトウェアメーカー。ソフトウェアメーカーには、ゲームの販売元となるパブリッシャーと、ゲームの開発元として企画・制作を行うデベロッパーがあります。

デザイナー

2DCGや3DCGを使ってゲームのビジュアルを作る仕事。世界観の設定、背景デザイン、キャラクターデザインなど企画部分に携わるデザイナーと、ゲーム中で使用する画面の2Dや3Dを作るデザイナーとに大別されます。アシスタントからキャリアをスタートし、デザイン部門のチームリーダー→ゲーム全体のクオリティ統括を行うアートディレクターへとステップアップ。

プランナー

企画の立案から始まり、仕様書作成、シナリオ考案、その後、実制作の進行すべてを統括するのがプランナー。アシスタントから経験を積み、プランナー→ディレクター→プロデューサーへとステップアップします。

プログラマー

ゲームの映像や音声、モーションをプログラミング言語を使って設計するのがプログラマー。ゲームプログラマー、ツールプログラマー、映像系プログラマーなど、細かく専門領域が分かれています。

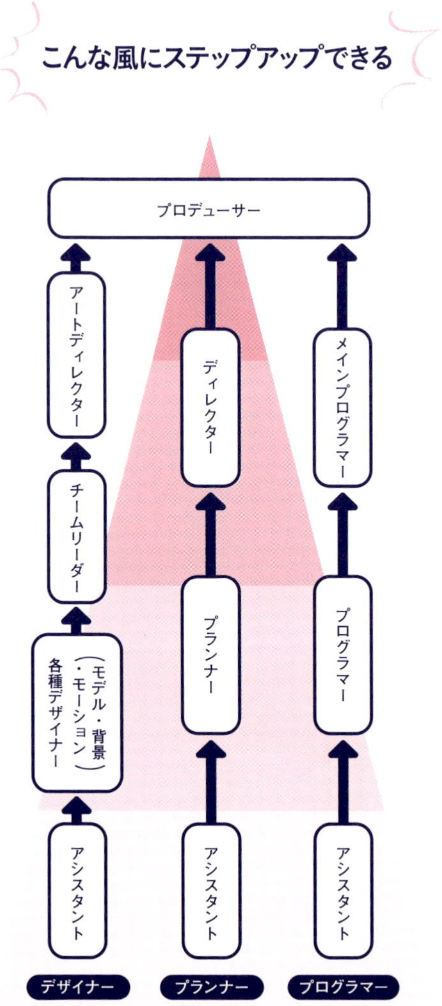

ゲーム業界の制作フロー

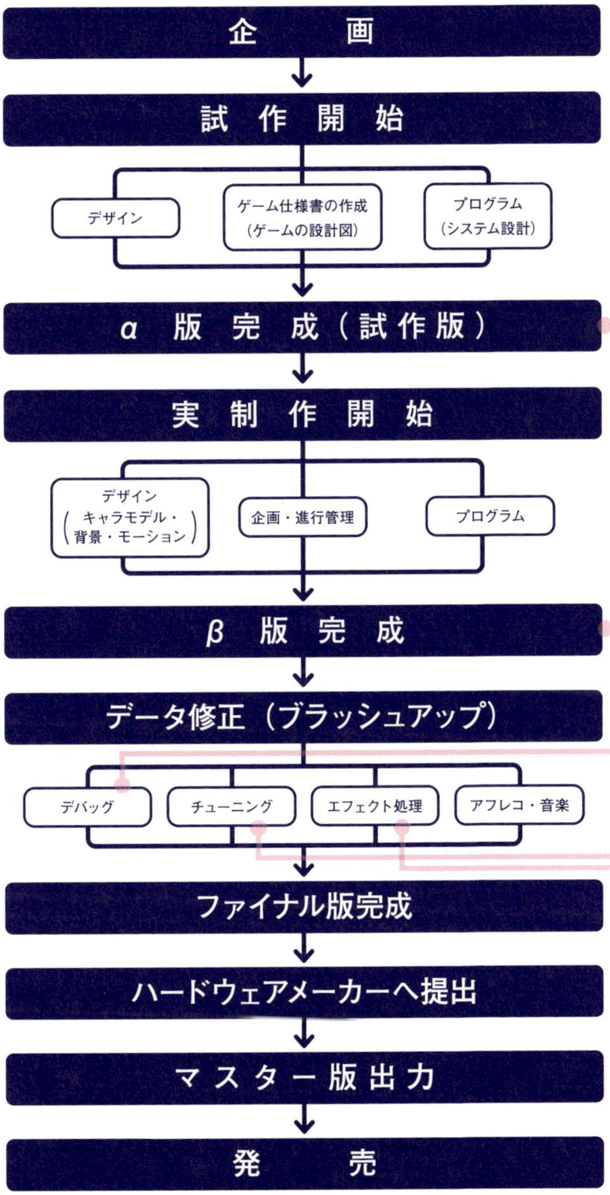

α版
別々に作られてきたグラフィック、プログラム、サウンドなどを仮組みしたもの。これを試験して不具合や微調整を行う

β版
α版の不具合を細かく修正して精度を高めたもの。これをブラッシュアップして最終的な完成版へもっていく

デバッグ
ゲームが正確に動作するかテストする工程。プログラム上のバグや、プレイをする上での不具合を取り除いていく

チューニング
ゲームの面白さを高めたり、より快適にプレイができるよう修正する。ゲームの仕上がりを左右する重要な工程

エフェクト処理
光線、火花、爆発など、画面に視覚上の演出を施す。ゲームを盛り上げる必須要素であるが、ゲームの進行を妨げないよう低負荷で効果を再現しなくてはならない

企業担当者に聞くポートフォリオのポイント“05”

株式会社 ゲームリパブリック

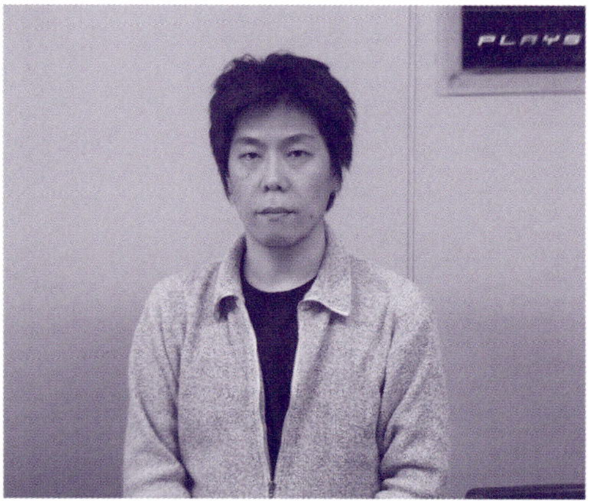

藤井 明さん

開発部長。前職でマネジメント職、開発職を経て、2004年ゲームリパブリック入社。クリエイティブスタッフのマネジメント業務に携わる。各プロジェクトへの人員配置や採用などを担当。

企業データ

□設立：2003 年 7 月 1 日 □事業内容：家庭用ゲームソフトの企画、開発 □従業員数：289 名(平成 20 年 10 月 1 日現在) □平均年齢：29 歳 □初任給：月額 20 万～ 23 万円（年俸制） □新人募集：毎年通年で予定(但し途中で定員数となった場合はその時点にて終了)※詳細は会社 HP にて確認ください □採用実績：新卒採用者＝若干名、経験者＝若干名 □応募資格：専門学校、短大、大学、大学院、来年卒業見込者(全学部、全学科対象) □ホームページ：http://www.gamerepublic.jp/

自信作を明確にプレゼンテーションする

当社ではデザイナーの採用に当たって、CG やゲームの技術は求めていません。それは入社後に学べばよいことであって、採用時に見ているのは「ものを作る実力」。油絵でもいいし、染色作品だっていいんです。意外とそういう考え方のゲーム会社は多いと思いますよ。

だからこそ、審査に当たってはポートフォリオが決定的に重要です。どんな分野でもいいから、自分の自信作を存分にアピールしてほしいですね。「ゲーム会社だから」と不慣れな CG 作品やマンガキャラクター風の絵を急ごしらえに描く必要はありません。自分の審美眼にかなうレベルの作品でなければ、効果は逆にマイナスになってしまいますよ。自分の得意分野、自信作をメインに据えてアピールすること。これが一番の近道ですね。

ただし、見せ方には注意が必要。彫刻やプロダクトなど立体作品が主な人や、また、抽象作品が主な人は、デッサンや具象絵画の作品も参考として入れてほしいですね。基礎的な描写力もあることを示してほしいんです。

それから、立体作品の写真がぶれていたり、プリンタの質が悪いために作品本来の魅力を伝え切れていない例もよく見かけます。僕らは皆さんの実力を、まずはポートフォリオで判断するしかありません。どういう作品なのか、はっきりと伝わるように作ってほしいですね。

ゲーム作品の見せ方は？

少しゲーム業界に特化した話をすると、動画CGを提出する場合は、見せ場になる動きだけを集めたダイジェスト版にしてもらえると実力がよくわかり、判断がしやすいですね。
キャラクターデザイン作品の場合は、自分が一から考えた架空のキャラだけではなく、「人気のゲームにもう1人こんなキャラがいたら」「こんな町があったら」と設定を作って描いてあると実力がわかりやすい。テーマに合わせて描き分けができるかどうかを見ています。
要するに、ゲームの勉強をしてきた人でもそれ以外の分野で学んできた人でも、自分が精魂込めて作った作品を、はっきりと実力がわかるように僕らに伝えること。それがすべてですね。

Game Republic's Work

「ドラゴンボール DS」
©バードスタジオ／集英社・東映アニメーション
© 2008 NBGI
発売元：バンダイナムコゲームス

「FolksSoul－失われた伝承－」

発売元：ソニー・コンピュータエンタテインメント

POINT!

自信作が見たい！　ゲームやCGの技術がなくてもOK。自信作をプレゼンしよう！
見せ方に気を配る　実力をはっきり伝えるために見せ方の気配りが重要

日本が世界の最先端！アニメ業界で働く

アニメーション業界のしくみ

アニメーション業界の仕事は大きく2つに分けることができます。絵を描き・ストーリーを作ることを主眼とするなら、アニメーターから監督へという道。作品の企画・プロデュースをしたいなら、制作進行からプロデューサーへと進みます。

アニメーター→監督

アニメーターのキャリアは動画マンからスタート。原画マンが描いた基本ポーズや始点・終点の絵をもとに、間の動きを中割りして描く仕事です。動画マン→原画マンへ進んだ後は、作画監督に。作品全体の動きや、絵のトーンの統一感を監督します。
その後、絵コンテを描く演出、キャラクターの設定をするキャラクターデザイナーへ。最後に監督という頂点に立つことになります。この他に、背景画の設定を描く美術監督、作品全体の色彩を監修する色彩監督、といった専門職も。

制作進行→プロデューサー

全体スケジュールに沿って各工程の進行をチェックし、連絡・調整を行うのが制作進行。複数の作品を同時に回すことも多々あります。
その後、制作デスクにステップアップすると、作品全体のマネジメントを担当。最後に、企画や予算管理のすべてを統括するプロデューサーへ。

こんな風にステップアップできる

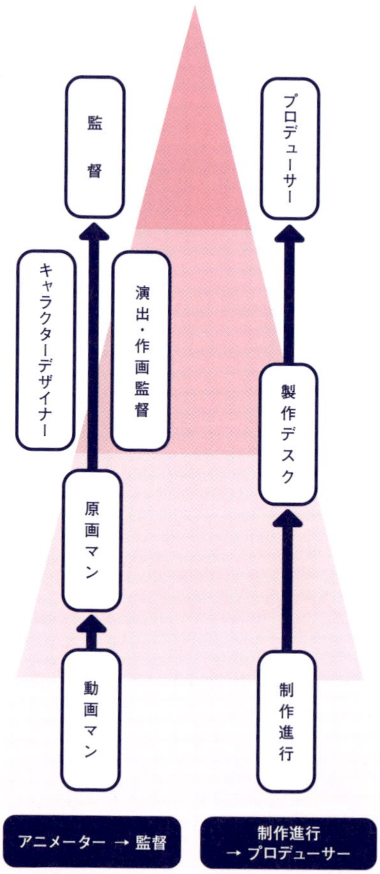

アニメーション業界の制作フロー

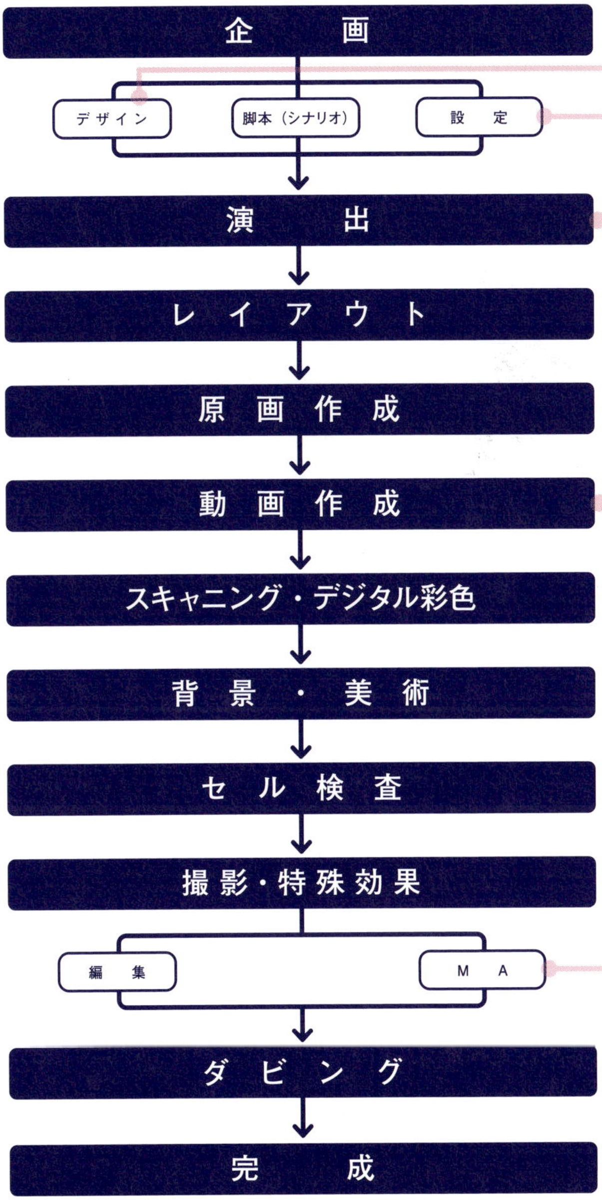

デザイン
物語の世界観や、実際の背景画、キャラクターの表情集、姿勢集、衣装など、アニメ上のイメージ要素を作成

設定
作品のコンセプト、物語の背景、キャラクターの性格などを作る。作品の方向性を決定づける重要なファクター

演出
絵コンテを制作し、物語のカット割り、カメラワークを設定。具体的に作品を形にする作業

動画作成
原画とタイムシートを確認し、細かい動作つけたカットを描き起こす。アニメーターと呼ばれる人の仕事

MA
セリフ、ナレーション、効果音、音楽をミックスして、映像と合わせる作業

アニメーターから
監督になるチャンスも
あるんだね！

企業担当者に聞くポートフォリオのポイント“06”

株式会社 ガイナックス

村田 康人さん

アニメーター。「ふしぎの海のナディア」、「トップをねらえ!」などの作品に動画マンとして参加。「新世紀エヴァンゲリオン」、「劇場版 新世紀エヴァンゲリオン」などの作品では動画チェックを担当。

企業データ

□設立：1984年12月 □事業内容：アニメーションの企画・製作、自社作品のグッズ企画・製作・販売、他 □従業員数：約80名 □平均年齢：35歳（アニメ班28歳）□初任給：アニメーターは出来高制のフリーランス。研修費は月6万円×2ヶ月まで（制作進行は試用給16万円）□新人募集：常時募集中 □採用実績：2008年新卒3名 経験者2名、2009年新卒3名(予定) □応募資格：特になし □ホームページ：http://www.gainax.co.jp/

見たいのは鉛筆画

アニメーターの採用で見ることは、ただひとつ。絵の実力です。学校では、「ファイルを買って、その中に見やすく作品を入れて」なんて教えているのかもしれませんが、そんなことはまったく関係ないですね。コピー用紙に描いて、そのまま束で送ってもらっても構わないし、ノートにびっしり描いたものを何冊か送ってもらってもいい。形式は何でもいいから、僕らはただ絵を描く力だけを見ています。

じゃあ、絵なら何でもよいかと言うと、もちろんそんなことはありません。よく、油絵の静物画や石膏デッサン、あるいはファッションイラストだけを送って来る方がいますが、ポイントがずれていると思います。僕らはアニメとは違うジャンルの絵だけを見せられても、「じゃあ、この人はアニメの絵も描けるだろう」という判断はできませんから。

絵の何を見ているか

当然、そのアニメの絵に関しては、大変厳しい目で見ています。まず、数枚ぺらっと送って来る、なんていうのは論外。ある程度の分量で実力を見せてもらいたいですね。

それから、顔だけ・上半身だけの絵しかない人もNG。こういう人は全身を描かせるととたんにフォルムが取れなくなるんです。きちんと全身像を描いていて、しかもただ白い空間に立っているのではなく、背景まである程度描き込んであること。例えば､椅子に座っている絵なら、きちんと椅子に座れているか。「ひとつの世界の中で、人物がきちんと存在できているか」という点を非常に重視しています。
また、女性、男性、動物、子どもなど、さまざまなキャラクターを描けていると評価は高いですね。時々、自分で作った架空のキャラクターだけを延々と描いてくる方がいますが、それは違う。また、既存のキャラクターの模写だけでもダメ。かたよらずに幅広い対象を描ける人を求めているんです。
要するに、付け焼刃ではまったく通用しないということ。絵を描くことが好きで好きで、アニメの絵を鉛筆画でひたすら描いてきた。その描きためた絵を、ストレートに見せてもらえればと思います。

Gainax's Work

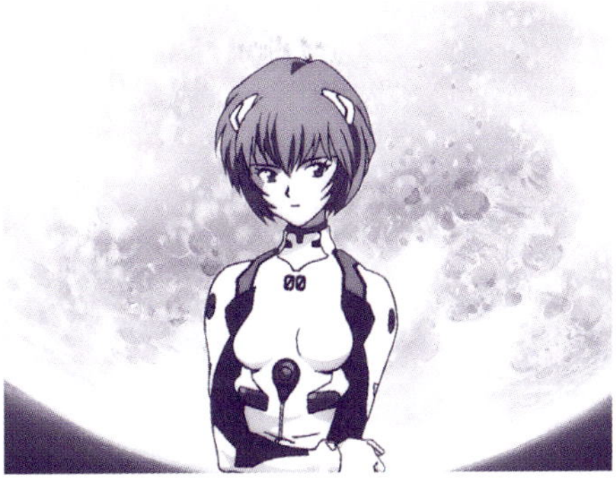

新世紀エヴァンゲリオン ©GAINAX・カラー

天元突破グレンラガン
©GAINAX・中島かずき／
アニプレックス・KDE-J・
テレビ東京・電通

POINT!

鉛筆画中心　油絵・カラーイラストより、鉛筆画の力を見たい
背景まで描いた絵が見たい　シチュエーションの中での人物の存在感を見ています

アミューズメント産業の王様

パチンコ・パチスロ業界のしくみ

最盛期から比べて減少傾向が見られるものの、それでも余暇市場 74 兆円のうち、22 兆円といういまだ莫大な市場規模を誇っています。近年では、映画やドラマなどのタイアップ機の登場や、筐体液晶の大型化などよりいっそうの演出力が求められています。

プランナー

パチンコ・パチスロ機の企画立案から、開発プロジェクトの管理まで幅広く関わるプランニングの仕事。アイデアを形にしていく職種と言えるでしょう。

液晶 CG デザイナー

筐体の液晶画面から大当たりを伝えるパチンコ台の肝となるのが液晶 CG。液晶内の映像を制作する液晶 CG デザイナーは、機種の企画立ち上げから関わり、演出のアイデアから、絵コンテ、演出、アニメーション制作、 3DCG まで、映像全般に関わる仕事です。

筐体デザイナー

リールの絵柄や、機械本体をデザインする筐体デザイナーは、細かい役モノ（液晶画面以外のプラスチック部品）からはじまり、役モノに貼るシールや絵柄のデザイン、盤面セル、スロットパネルのデザイン、筐体全体のトータルデザインと、立体的な造形に至るまでさまざまな仕事があります。

こんな風にステップアップできる

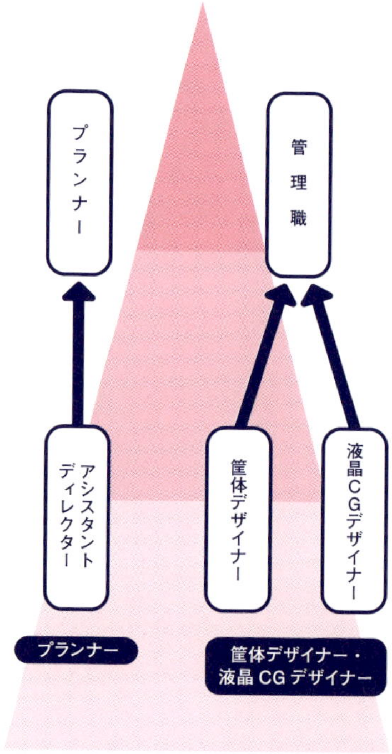

パチンコ・パチスロ業界の制作フロー

企画
↓
設計開始
- 基板設計（電子回路・電飾）
- 機構設計（筐体・パネル）
- 映像・SE（モデリング・録音）

↓
組み立て
↓
演出頻度調整
↓
デバッグ
↓
完成
↓
型式申請
↓
量産製造
↓
設置

企画
プランナーは企画立案から演出の調整、制作の進行管理まで幅広く関わる

基板設計
役モノの動かし方や、電飾の光らせ方を設計する。プログラミングや電子回路の知識が求められる

機構設計
プロダクトデザインのスキルが要求される。寸法の規定がある中で、筐体の立体構造を設計する。パネルのデザイン、可動する役モノを制作する

映像・SE
販売メーカーでは企画立案、絵コンテの制作などを行い、制作会社に委託するケースが多い。3D映像、2Dアニメーション、BGMや効果音など分業されている

形式申請
パチンコ・パチスロ等の遊技機は、保安電子通信技術協会が実施する形式試験を通過しなければホールで実際に稼働できない

大当たりの瞬間を
自分でデザインできるなんて、
デザイナーみょうりにつきるナ！

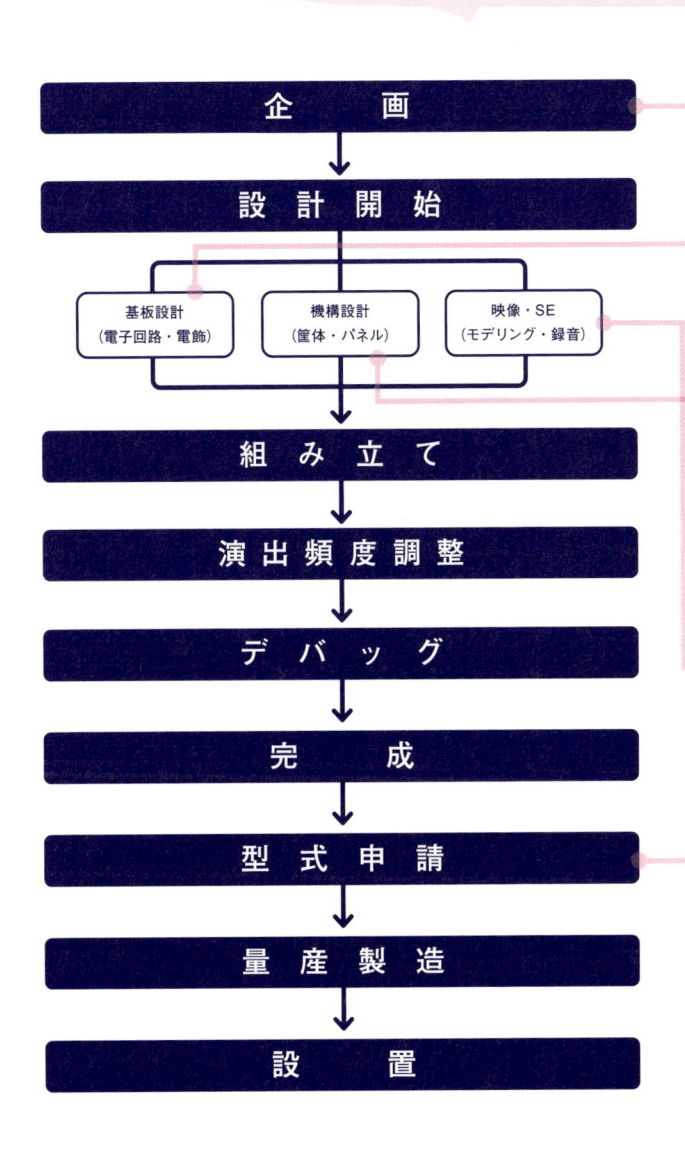

企業担当者に聞くポートフォリオのポイント“07”

サミー株式会社

佐藤 裕史さん
コーポレート本部総務人事部人財開発グループ。毎年デザイナーと共に、クリエイティブ採用の全過程に携わっている。

企業データ
□設立：1975年11月 □事業内容：パチスロ機・パチンコ機・じやん球遊技機および関連機器の開発・製造・販売 □従業員数：1330名(2008年4月1日現在) □平均年齢：34歳 □初任給：(2008年4月 初任給実績 月給) 専門卒・短卒18万5500円 大学卒21万円 大学院卒22万円 □新人募集:毎年4月 □採用実績:非公開 □応募資格:2010年3月卒業予定者 □ホームページ：http://www.sammy.co.jp/

パチンコデザインは さまざまな要素の集合体

筐体デザインと液晶内のCGデザイン。パチンコ、スロットのデザインにはこの2つの分野がありますが、どちらの採用においてもポートフォリオで見る点は同じです。「何が得意なのか？」絵が上手いのか？造形力が豊かなのか？発想が面白いのか？ 自分の得意なことが、はっきりと印象に残るポートフォリオを見たいと思っていますね。

パチンコ制作は、毎回毎回扱うテーマが変わります。その上ひとつの台に、立体造形も色彩設計もキャラクターデザインも含まれる。だからこそ、「どれもまんべんなくできます」という器用貧乏な人はいらないんです。それぞれ「これができる」という得意分野を持っている人たちが集まって、自分の得意なところを担当すればいい。そういう考え方で見られていることを忘れないでほしいですね。

選ばれるポートフォリオへ

そのように考えたとき、学生時代に作った作品をまんべんなくポートフォリオに挟み込んでみても、「何が得意なのか」はまったく伝わって来ないことがわかると思います。
例えば、一番の自信作はトップに持って来てもいいし、説明書きも添えて数ページにわたっていてもいい。かわいいキャラクターを描くことが得意なら、表紙がキャラの絵になっていてもいいですよね。自分の得意分野をひと目で分かるように伝えてほしいんです。
それから、美術系の学生さんは一般的に、言葉での説明を面倒がる傾向がありますが、これは大変にもったいないことです。例えばプロダクト作品を作ったのなら、そのプロダクトの特徴はどこで、どんな発想で作ったのか。共同作品なら、自分はどこを担当したのか、文字情報でのアピールを入れておくべき。「作品の写真を挟んでおけばわかってもらえる」という考え方は大きな間違いです。
結局、今まで話してきたことはすべて、ホールに並んでいるパチンコ台と同じ。たくさんの台の中から選んでもらうために、パチンコのデザインは「こんなに面白いですよ！」と全身で自己主張をしていますよね。人を楽しませるその精神を僕らに見せてほしいんです。

Sammy's Work

パチスロ機「ハードボイルド
～グリフォンの幻影」

ハイクオリティな映像・
演出でユーザーの心を捉える

アニメーションの演出も多く使用されている

POINT!

得意分野を主張する　器用貧乏はいらない。得意分野をはっきり伝えてほしい
文字情報をどんどん活用して！　制作の思考過程を文字や図で伝えることも有効

いろいろな業界や業種があって、ポートフォリオを評価する目的や、審査のポイントも違うのね。
僕はCGの仕事がしたいって漠然と思っていたけど、いろんな業界にチャンスがあることもわかったよ！
なんだか大きな迷路をさまよっていたけど、やっとその地図がもらえたような気分♪
ふたりもわかってきたようじゃな。次ではいよいよポートフォリオの制作にとりかかろう。これまで学んできたことを下地に、ひとつずつステップを踏んでいくことが大切じゃ。目的に合ったポートフォリオが完成されてこそ、迷路の出口が見つかるというものじゃ！

PART 4

ポートフォリオ
メイキング

評価されるポートフォリオ

この章では、評価されやすい平均的なポートフォリオを作るための手順を紹介します。いよいよ実際のポートフォリオ制作に挑むわけですが、その前にどのようなポートフォリオが評価されやすいのか、あるいはされないのか、そのポイントを点検してみましょう。

評価されるポートフォリオとは?

実際に企業の採用担当者の声を聞いてみると、仕事が意識され、フォーマットが整った説明がついていたり、目次などにも配慮がある人が好感を持たれているようです。中途半端に沢山の作品を制作するのではなく、ひとつの作品でもよいので作り込んで、作品として完成していることを意識しましょう。部分的にでもキラリと光るスキルや人間性をアピールできたことで、採用担当者の目に留まるケースもあります。真剣に人を採用しようとしている担当者ほど、その方本来の性格や人格までも、作品から読み取ろうと努力しているものなのです。部分的にでも、プロとして通用するレベルのスキルを持っているか、基礎力はどうか、得意分野は何かといったことが見られているようです。

評価されないポートフォリオとは?

基礎画力が低かったり、デザインがいまいちなど、提出した作品自体のクオリティが低い場合は、もちろんよい評価はもらえません。それ以前に、基本的なマナーの問題でマイナス評価となるケースもあるので、注意が必要です。たとえば、「封筒を開けた瞬間にタバコの匂いがした」など、見てもらう相手への配慮が欠けていたために悪い印象を与えてしまうこともあるので気をつけましょう。また、共同制作作品ではその過程で具体的に何を担当したのかを明記しなければ、企業側はどのように判断してよいのかわかりません。また、公序良俗に反するポートフォリオもNGです。エロ・グロなどに偏った個人の嗜好性を押し出しすぎる作品、既成キャラクター

レディのマナーがあるように
ポートフォリオのマナーがあるのね……

を模した作品など、著作権に無関心と感じられるものも、これにあたります。ポートフォリオは趣味を披露するメディアではありません。就職活動用に、自分が目指す業界・企業に好印象を与えるポートフォリオである必要があるのです。

評価される／評価されないポートフォリオ

GOOD
・作品の質が高い
・作品の質が一定
・タイトルや説明が記されている
・製本がきれい
・制作意欲が感じられる
・オリジナリティがある
・レイアウトがきれい
・スキルがわかる
・センスが伝わる
・表現力がある
・企画力がある
・論理的な説明能力がある
・将来のプランが見える
BAD
・判断できる内容に達していない
・共同制作作品のみ
・公序良俗に反する（エロ、グロ、萌え）
・作品の質にバラツキがある
・タイトルや説明がない
・外形が汚い
・サイズが大きすぎる／小さすぎる
・収録作品が多すぎる／少なすぎる
・盗作（プロとしての品性が疑われる）
・趣味的要素が突出

ポートフォリオは人に評価されるもの。基本的なマナーを守らないと、評価されるところまでたどり着けないこともあるのじゃ。

STEP 1 過去の作品を広げてみよう

ポートフォリオは、自分が過去に作った作品をすべて集めた作品集ではありません。ポートフォリオをアピール力の高いものにするためには、目的に合わせた構成が必要です。まずは、これまでの作品をリストアップして、使用する作品を吟味しましょう。

これまでの作品を書き出そう

ひとつの料理を作るには、まずよい素材を集めることから始まります。ポートフォリオも同じです。高いクオリティの作品があってこそ、はじめてよいポートフォリオができるのです。では、これまでに制作した作品を箇条書きにしてみましょう。忘れていた課題作品などが出てくるはずです。その作品はいつ制作したものか？　素材は何か？　課題作品なのか？　自主制作作品なのか？　個人作品か？　共同作品か？……などなど、作品を提示する際に付記する「キャプション」に必要な情報を洗い出しましょう。また、就職活動用のポートフォリオに入れる作品として、ふさわしいクオリティの作品は何点あるのか？　作品をリストアップすることで、自分の作品を客観視できるようになり、制作時には気がつかなかった欠点／修正点などを発見することができるでしょう。

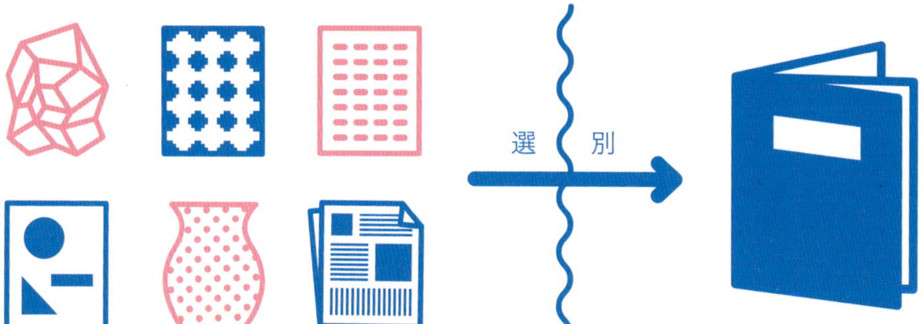

過去の作品リスト

	作品名	制作年／制作期間	ジャンル	クオリティ
例	学校課題・CI計画 「新規入浴剤の企画提案」	2008年、1ヶ月	DTP、 パッケージデザイン	△
1				
2				
3				
4				
5				
6				
7				
8				
9				
10				

ジャンル
アナログ：デッサン、クロッキー、模写、風景画、ラフスケッチ、イラスト、キャラ設定、企画書、絵コンテ、陶芸、工芸
デジタル：2DCG、ドット絵、テキスタイル、DTP（チラシ／ポスター／パンフレット／カタログ／名刺／封筒）、Web、パッケージデザイン、プロダクトデザイン、イラスト、3DCG（キャラクターモデリング／背景モデリング／モーション）、動画、アニメーション

クオリティ　○＝高い、△＝要修正、×＝低いの3段階で評価してみましょう。

作品状態
原本がない（オリジナル）がない→ポートフォリオに加工し難い。アナログのままでデジタル化されていない→早急に撮影、またはスキャニングしましょう。デジタル化されているが、撮影方法やスキャン方法が悪い→解像度や撮影サイズに注意して、取り込みし直しましょう。

写真は照明が大事
作品を撮影するとき、大事なのは照明です。カメラに付属のフラッシュは焚かずに、自然光で撮影するようにしましょう。可能ならば高解像度デジタルカメラで、照明完備のスタジオ撮影がよいでしょう。調整を行う際の目安となるため、カラーチャートを添えて撮影することをおすすめします。

携帯電話で撮影したり、Webサイト用の画像を使えると思っている人は要注意じゃ。画像はスクリーン上できれいに見えていても、印刷をしたら荒くなってしまう場合があるぞ。解像度が足りているかも確認することが大切じゃ。

STEP 2 コンセプトを決めよう

ポートフォリオを制作するにあたりコンセプトを設定する必要があります。それが明確になれば、ポートフォリオの形も自ずと決まってくるでしょう。まずは、志望する業界と職種、特性を把握し、制作を進めていきましょう。

行きたい業界を絞り込む

ポートフォリオを作るには、まず自分がなにをしたいのか、キャリアプラン（32ページ参照）を決めておかなければなりません。やりたいことがわからなければ、方向性が拡散したポートフォリオになってしまうでしょう。自分がやりたい仕事、行きたい業界、企業はなんでしょうか？ 就職活動を進める中で変わっていくこともありますので、まずは仮決定の気持ちで進めていきましょう。

業界のリサーチをする

行きたい業界が決まったら、その業界についてのリサーチをしておく必要があります。企業はそれぞれ、独自のカラーや哲学、経営理念を持っています。例えば、同じ広告業界でも企画系の制作会社と、クリエイティブ系の制作会社とでは、要求される能力が異なります。同業界内でもエディトリアル、交通広告、映像（映画／TV）など、カテゴリーも細分化されています。志望する業界や職種に、どのようなスキルが要求されているのかを考えてみましょう。

CGデザイナーになりたいナ……
企業は優れた技術者を求めているナ……
スキルをアピールできるポートフォリオにしよう……

行きたい業界を決める
↓
企業の求めているものをリサーチする
↓
アピールするべきポイントを見つける
↓
ポートフォリオのコンセプト

何をアピールするのか

ポートフォリオで伝えたいことがはっきりしたら、それを達成するための手段を見つけなくてはなりません。ポートフォリオを具体的にどのように見せるのかをイメージしましょう。例えば広告系への就職を目的とするならば、「企画力」をアピールするために、作品の背景や制作のプロセスを重視した構成にするということも考えられます。また、映像系の職種では、「技術力」をアピールすることをコンセプトとして、使えるアプリケーションを明記したり、スキル別の構成で見せるのも有効な手段です。これらはほんの一例に過ぎませんが、明確なコンセプトの上に作られたポートフォリオは、ポイントがはっきりしているので、漫然と作品を並べただけのポートフォリオと比べると、訴求力が格段に上がります。業界や職種、応募先の企業の特性と照らし合わせて、自分なりのアピールポイントを見定めましょう。

展示風景をダイナミックに見せるコンセプト

卒業制作のタロットカードをモチーフとした掛け軸作品を冒頭で紹介している。美容院で展示した風景をダイナミックに見せることで、一番の自信作ということをアピール。ファイルも細かい絵柄をしっかりと見られるA3サイズ。自信のある作品は、大きいサイズで見せられるよう工夫しよう。

織田 章太郎さん
デジタルハリウッド 総合 Pro コース グラフィック系専攻卒業。現在、広告制作会社に勤務。

一にポートフォリオ、
二にポートフォリオ、
三四がなくて、
五に昼寝……Zzzzzzz

STEP 3 構成を考えよう

コンセプトをイメージしながらポートフォリオに掲載する作品を分類し、選別してみましょう。ポートフォリオの大枠が見えてきたら、自分のアピールしたいポイントを考えて、希望している職種には、どのようなページ構成がふさわしいか考えてみましょう。

作品を分類しよう

先ほど見直した作品を今度は、いくつかのカテゴリーに分類してみましょう。作品を要素によって分類しておくことは、ポートフォリオのページ構成を作るための準備作業です。先に立てたポートフォリオのコンセプトにしたがって、アピールしたいポイントがうまく見せられるような分類法を選びましょう。分類の方法は、ジャンル、制作した手法、制作したメディア、テーマ別などが考えられます。

作品を選別しよう

過去の作品を大まかに分類し終わったら、ポートフォリオに載せる作品を選別してみましょう。よくできた作品だけを選び、全体の質のムラをなくすことが大切です。同じ傾向の作品は省いてしまってもよいかもしれません。しかし、作風が分散しすぎても何をやりたいのかがわからないという印象を残してしまいます。また、課題作品だけではなく、自主作品もおりまぜるようにしましょう。自主作品ではその人の独特のセンスや、パーソナリティをアピールすることができるからです。

料理でいえば、食材を揃える段階だ。よい食材が用意できなければ、旨いものは作れない。ポートフォリオ作りでも、クオリティのよい作品を集めることが大事なのじゃ！

選別のポイント

- 全体の質のムラをなくす
- 同じ傾向の作品は省く
- 作風を分散しすぎない
- 自主作品もおりまぜる

コンセプトと分類のパターン

パターン1「年代別／制作年別」

「4年間ひとつのテーマで作品を作り続けました」など、制作に携わった期間をアピールできる場合は、単純に時系列に並べる構成が一番簡単な方法	
○ アピールポイント	スキルアップ（技術上達）の足跡が見えるアピールが重要です
× ウィークポイント	数秒でジャッジされる場合は、前半に過去のクオリティ低めの作品が登場してしまう

パターン2「ジャンル／カテゴリ別」

チラシ、ポスター、パンフレット、パッケージ、Web、デッサン、3DCG、アニメーションなど、単純にジャンル、カテゴリに分けて並べる方法	
○ アピールポイント	自分は何が得意なのか、特化した（尖った）スキルが見えるアピールが重要
× ウィークポイント	質のムラが出てしまいやすく、並べる順番と省くバランスが難しい

パターン3「テイスト／作風別」

Girly、POP、50's、和、癒しなど、得意なテイスト（作風・クリエイティビティ）がある人向きの方法	
○ アピールポイント	自分の作風が明確な方は前向きにアピールし、企業側の求めるテイスト（作風）にマッチすることで、大きなアピールポイントになる
× ウィークポイント	印象が偏りすぎるため、応募できる企業が絞られる可能性がある

パターン4「手法／メディア別」

木炭、油絵、Illustrator、Photoshop、Maya 等、アプリケーションごとにまとめる方法	
○ アピールポイント	デジタルデザイン部分において、テクニカルスキルのレベルを明確にアピールできる
× ウィークポイント	作風が分散し、何をやりたいのかが、わからないという印象を残してしまう

台割を作ってみよう

冊子である以上、ポートフォリオも本のひとつです。すべての本は、その構想段階で台割というものを作ります。台割はその本をどのように構成するかを決めるシナリオのようなものです。ポートフォリオを作る上でも、自分なりの台割を作成してみることをおすすめします。手近な本や雑誌の目次を見て一般的な本がどのような構成になっているか、参考にしてみるのもよいでしょう。

構成の目的を考えよう

まず、ページ構成を紙に書き出してみてください。そして、それが本当に目的にあった構成となっているか考えてみましょう。闇雲に作品を並べるだけではいけません。どのような構成にするかによって、伝わるポイントが変わってくるからです。短い時間の中で自分を伝えるためにも、どこになにが収録されているかがわかりやすいページ構成にしてあげることも大切です。採用者が自分に求めていることを想像しながら、物語を組み立てていきましょう。

台割作りのポイント

ポイント1 見せたいものは前

ポートフォリオで大切なのは、その第一印象です。採用者の判断はポートフォリオの表紙から前半部分で決まっているといってまちがいありません。前の方のページに見てもらいたい作品や、クオリティの高い作品を持ってくるようにこころがけましょう。

ポイント2 プロフィールは一番前か後

ポートフォリオには当然、制作者の氏名や、出身校、生い立ちなどを記載しておく必要があります。そのような基本情報はコンパクトにまとめて一番前か、最後に添付しておくとよいでしょう。

ポイント3 ページ数

まずはクリアファイル1冊分を目指します。ファイルのポケット量により差は出ますが、まずは基本として20ページほどを準備しましょう。分量が少なかったり、内容のジャンルが狭すぎても、何を勉強してきたのかが読み取れないですし、逆に50ページ以上、100ページ近い量になると、多すぎて見る側の負担になります。

ページ構成要素

- 表紙（タイトル、名前）
- 前付（名前、プロフィール）
- 目次
- 第１カテゴリー
- 第２カテゴリー
- 第３カテゴリー…
- 奥付（名前、連絡先）

台割記入シート

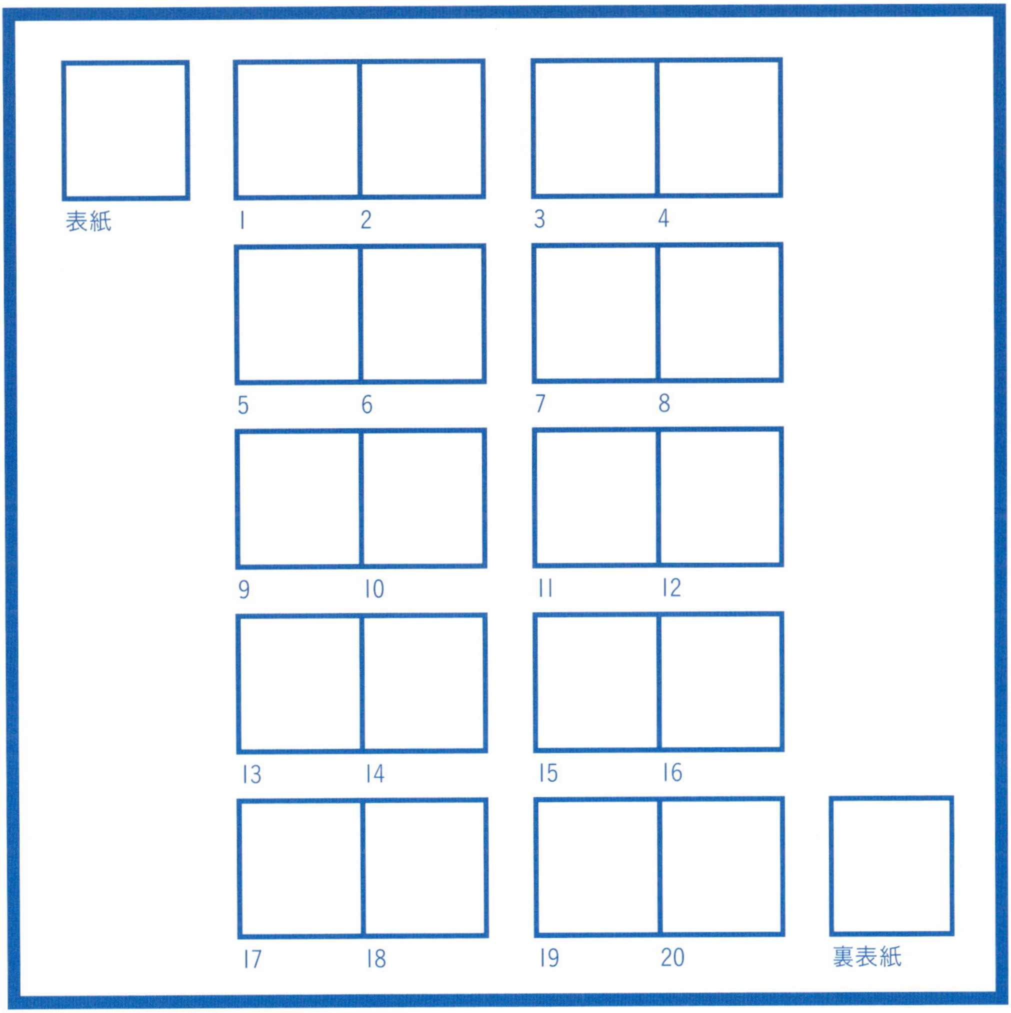

自分史的に作品を見せる構成

幼少期から現在に至るまでの自分史的な構成。そのストーリーの中で、興味を持ったジャンルごとに作品を紹介している。人柄を身近に感じられる構成で、作り手の「信頼感」を UP させてみよう。

〈ページ構成要素〉

表紙
1 はじめに、目次
2 デザインへの一歩
3 素材の応用
4 デザインで行動する
5 遊びから学ぶ
6 配置を考える
7 イベント広告
8 雑誌表紙デザイン
9 立体への興味
10 知識を応用する
11 身の回りのものをデザインする
12 実社会での展開
13 プロフィール
裏表紙

表紙 子どもの頃の写真を掲載

目次 全体の流れと、メディア別のページも掲載し、どこに何が掲載されているか探しやすい

デザインへの一歩 どのようにデザインへの興味を持ったのか

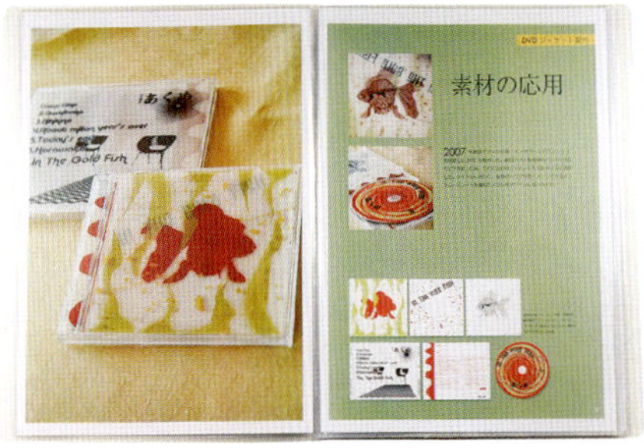

素材の応用 1つのデザインモチーフをさまざまなメディアに展開する

立体への興味 折り紙の作品を写真に収め掲載

身の回りにあるものをデザインする オリジナルの封筒と便せんのデザイン

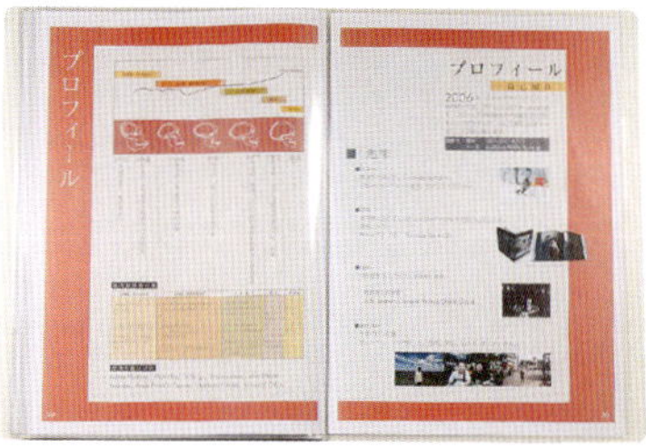

プロフィール 学歴を表にして見せる。趣味は写真とともにアルバム風に見せる

朝顔 ハット氏 デジタルハリウッド 総合 Pro コース グラフィック系専攻。現在、フリーランスデザイナーを目指して活動中。

要素を工程別に見せる構成

CGなど、複雑な工程を経て制作される場合の見せ方としては定石の、工程別にしたページ構成を採用。作品を形作っている要素をそれぞれ見せることで、各工程において自分にどんな能力があるのかを明確にアピール。

〈ページ構成要素〉
表紙
3Dデザイン
2Dデザイン
デジタルアート
デッサン

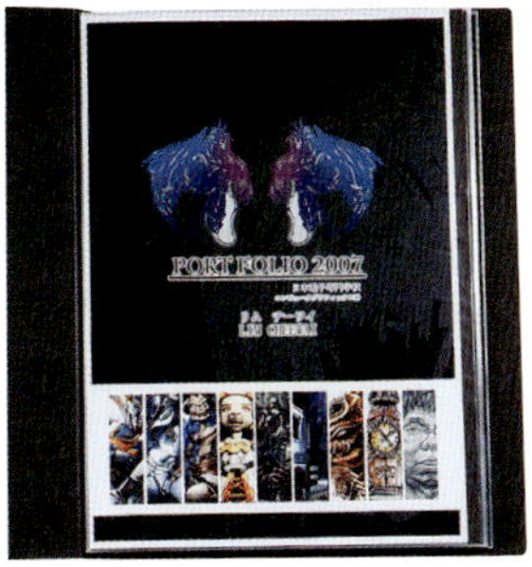

表紙　表紙にはアートワークを使用。掲載作品のダイジェストを配置

3Dデザイン　オリジナル作品をコマ送りで見せる

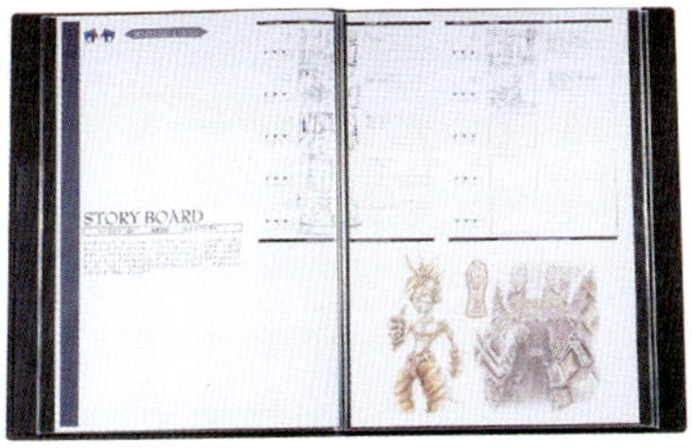

3Dデザイン　ストーリーボード
（キャラクター設計、背景設定、カメラアングル）

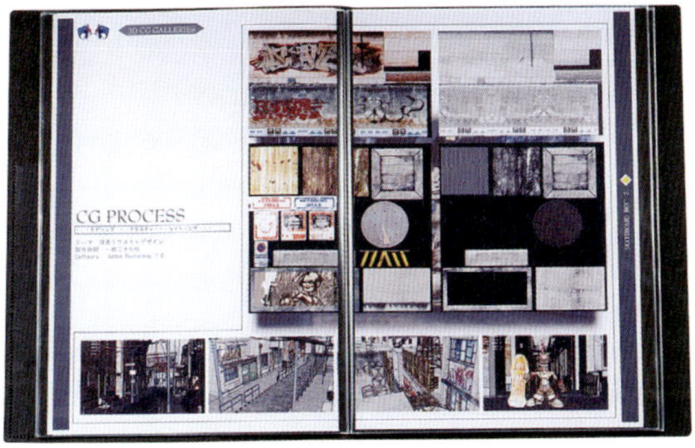

3Dデザイン　CGプロセス（モデリング、テクスチャ、ライティング）

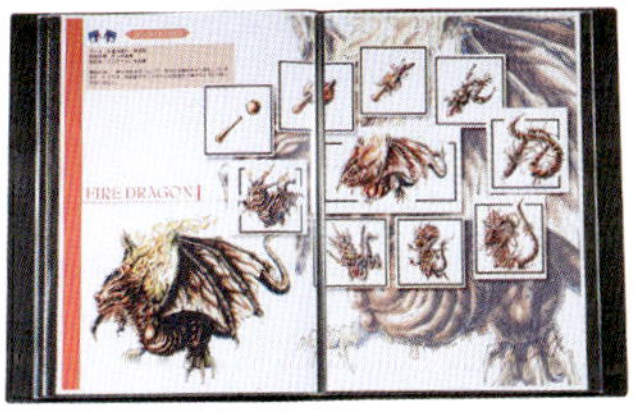

2Dデザイン　インクペンと色鉛筆で仕上げたオリジナルキャラクターの絵

デジタルアート　オリジナル作品をTシャツとポスターで展開

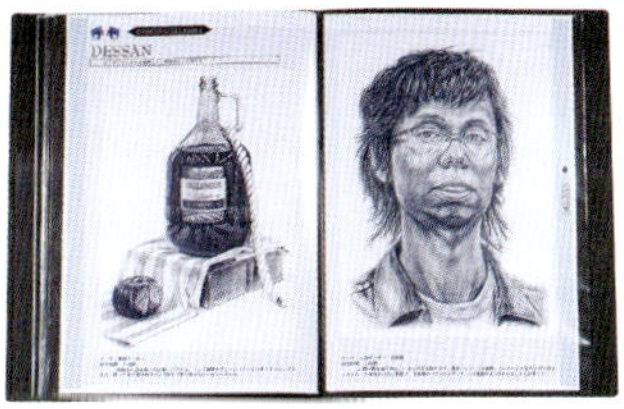

デッサン　手描きの基礎力をアピール

リム チー ワイさん　日本電子専門学校 コンピュータグラフィックス科卒業。背景デザイナーとしてゲーム制作会社 株式会社 トライエースに勤務。

STEP 4 テキスト素材を集めよう

ポートフォリオの構成が決まったら、「過去の作品リスト」を参照しながら、作品の説明文を付けてみましょう。作品のプロフィールとして、制作背景やコンセプトの説明を付けておくことは最低限のマナーです。

作品プロフィールの役割

採用担当者は提出された作品について具体的な情報を求めています。たとえ、それぞれの作品について口頭で説明できたとしても、プロフィールはポートフォリオに記しておくべきです。情報がきっちり整理し記載されているかどうかは、情報を整理する能力について判断するポイントにもなります。

キャプションを書いてみよう

キャプションを書くにあたって、文章に３つの要素が入っているか、確認しておきましょう。１つ目は、与えられた制約や、想定されているテーマなどの、企画背景についてです。２つ目は制作過程について。作品を表現するのに用いたコンセプトや、制作手法について書きましょう。３つ目は、受賞歴や、第三者からの反応がどうだったかなど、それがもたらした成果についてです。しかし、採用担当者はじっくりとテキストを読んでいる時間がないため、簡潔にわかりやすい文章を書くようにこころがけましょう。

キャプション作成の３つの要素

企画背景 → 制作過程 → その成果、反省点

３つの要素を整理してまとめるだけで、
文章が苦手な私でも
キャプションがスラスラ書けちゃう♪

作品プロフィール・キャプションの基本要素

- 作品名、タイトル、URL、キャッチコピー
- 作品の世界観、背景、設定
- コンセプト・ストーリー、ターゲットユーザー・ターゲット年齢
- 制作時間・期間、制作日・公開日
- 作品サイズ、作品ページ数・ボリューム
- 画材、使用OS・言語、使用アプリケーション(バージョン)
- 関わった人数、制作スタッフ構成、自身のポジション
- 制作過程、制作結果(具体的な数字：売上、動員数等)、受賞歴

例1：ポスターデザイン

音の波をイメージして制作したコンサートのポスター

学内イベントとして行われた、電子音楽のコンサートのために制作したポスターです。電子音楽に使われる音の波である「サイン波」をグラフィックに落とし込み、その波の色彩で電子楽器が奏でるメロディーを表現しました。学生デザインコンペティション入賞。

タイトル：エレクトロニック・グルーヴ
制作時期：2008年6月
サイズ　：594mm×841mm

例2：映像作品

卒業制作　「Space Survivor」

作品の尺　：1：20
使用ツール：3ds Max 9　Adobe Photoshop CS　Final Cut Pro
制作時期　：2008年4月〜8月
担当パート：モデリング作品

コンセプト：もし未来に人間が他の惑星に行くことができたらという仮定のもとに、その他の惑星に住んでいる攻撃的な生物とそこへ移住した人間の闘いを描きました。
ストーリー：ある日、主人公は惑星開拓の仕事で、地球から遠く離れた惑星に行くことになる。しかし、その惑星には未知の攻撃的生物が棲息していた。惑星に到着した主人公は、コロニーの全滅を知り地球に向けてSOSの信号を発信するが……。

世界観　　：宇宙移民が盛んになるほど、科学技術の進んだ未来。地球とはまったく環境の異なる惑星が舞台。

STEP 5 レイアウトをしよう

すべての素材がそろったところで、いよいよレイアウトデザインの作業が始まります。レイアウトはポートフォリオ自体の印象を大きく左右してしまうので、ページデザインの基本的なルールを意識して、効率よくデザインしていきましょう。

レイアウトソフトの役割

レイアウトデザインを行うには、テキストや画像、アイコンや線などの要素を組み合わせ、正確な印刷データを制作できる、専門のアプリケーションを利用します。アドビ社のIllustrator、InDesign、クォーク社のQuarkXPressなど、レイアウトソフトと呼ばれるジャンルのアプリケーションです。ポートフォリオのように、複数のページがある制作物では、各ページに共通するデザインパーツを効率よく管理することができる、これらのソフトが向いています。
その他に、写真の補正や切り抜きを行うため、アドビ社のPhotoshopなどの画像処理ソフトも必須です。なお、Photoshop、Word、PowerPointなどでレイアウトデザインをすることは不可能ではありませんが、効率や品質の面で難があります。

アプリケーションのメリット・デメリット一覧

	難易度	ページ管理	文字組み	印刷品質
Illustrator	○	△	△	○
QuarkXPress	△	○	○	○
InDesign	△	○	○	○
Photoshop	○	×	×	△
Word	○	×	×	×
PowerPoint	○	×	×	×

学生のうちにアカデミックパッケージを買っておこう。
この機会に操作を覚えれば一石二鳥じゃ。

版型（サイズ）を決める

書籍でも、ほんの少し大きさが違うだけで、印象が大きく変わるものです。同じようにポートフォリオでも、その版型(サイズ)の違いが作品の印象を大きく左右します。Ａ４の定型なら本棚に収まりやすく、採用担当者がポートフォリオを受け取ったときに、保管、管理がしやすいという利点があります。また、ビジュアルに自信があり、個性を出したいなら、思い切ってＡ３サイズで作品をダイナミックに見せてもよいかもしれません。ファイルを使わず製本する形式なら、定型でなくとも正方形やワイドサイズなど、特殊な版型を用いることもできます。いずれにせよ、最初に決めたコンセプトに沿って、目的に合った版型を選ぶようにしましょう。

紙の規格サイズ表 (mm)

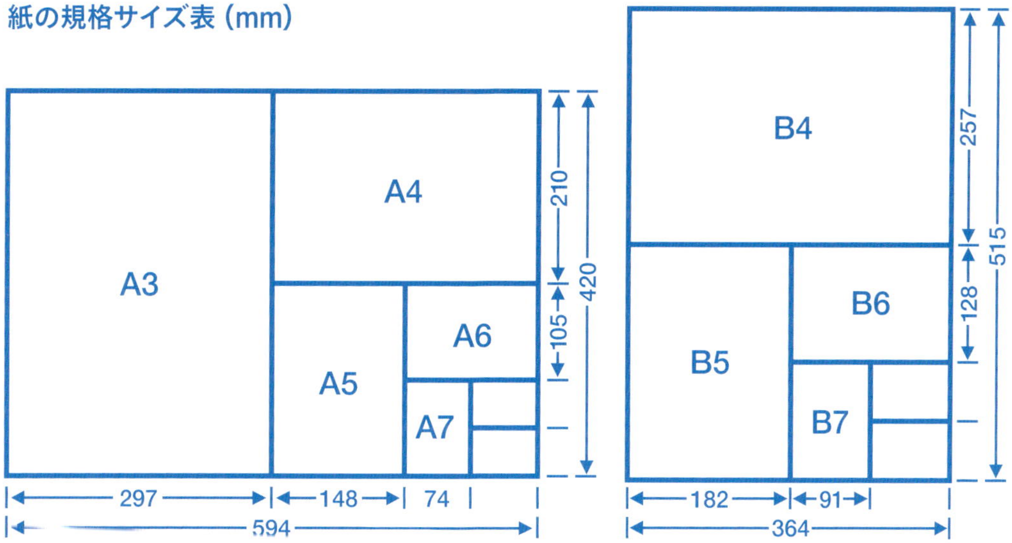

縦書きと横書きが混在していたり、ページのサイズにばらつきがあるのは以ての外じゃ！
レイアウトデザインについて詳しく知りたければ「デザイン解体新書」（ワークスコーポレーション刊）がおすすめじゃ。

フォーマットを作ろう

版型が決まったらいよいよページ作りに取りかかります。まずはページのフォーマットを作ることから始めます。このフォーマットがすべてのページデザインの基本になるので、熟考する必要があります。使用する予定の画像サイズや数、テキストの分量の変化に対応できる、柔軟なフォーマットを設計しましょう。まず、最初は版面の設計（本文組みが入るスペース）から始めましょう。その際に決めなくてはいけないことは、余白のサイズです。全体として、余白を狭くすると元気な印象に、また広く余白をとることによって高級感を出すこともできます。自分の作品のテイストとの相性がいいのかどうか、また、希望の職種にあったテイストは何なのかをよく考えて判断しましょう。また、リングファイルに入れるのなら、差し替えができるようにしておかなければならないので、左右を入れ替え可能なデザインを考えましょう。

レイアウトデザインの各部名称

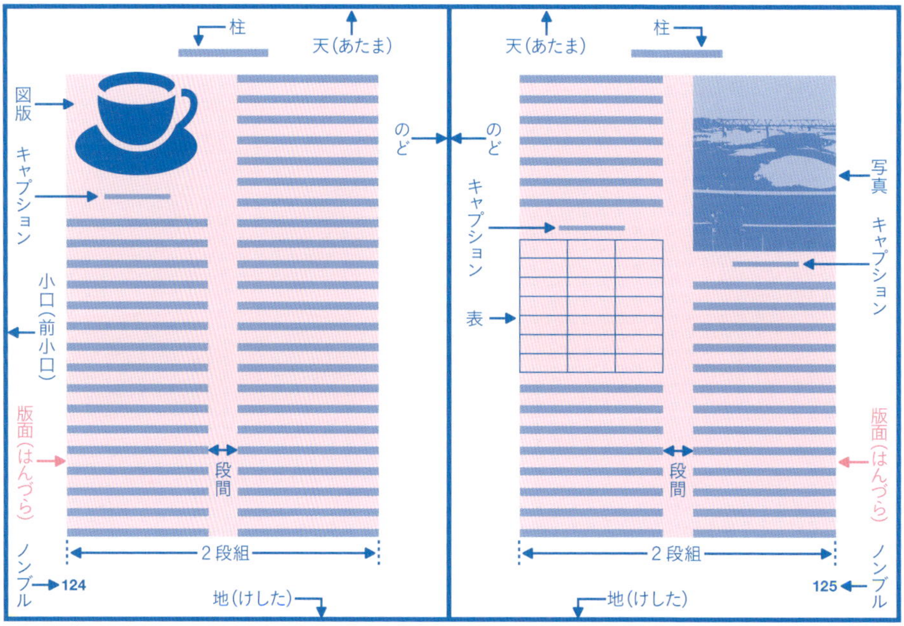

フォーマットには、すべてのページに共通するデザインパーツを配置しておき、各ページのレイアウトはその範囲内で行います。この手順を踏むことで、最初から最後のページまでを通してみたときに、統一した印象が生まれます。

ページの見せ方と共通パーツ

1ページ単位で見せていくのか、見開き単位で見せていくのか、ポートフォリオの見せ方はいろいろあります。採用担当者がページを繰っていくことを想定した見え方、印象に配慮しましょう。また、自分の見ているページがどのカテゴリーに属しているのかわかるように、ヘッダーやフッター（ページの上下にある余白）に共通するパーツとしてカテゴリー名を配置するなどしてわかりやすくするとよいでしょう。

ページの見せ方の例

片ページ処理
ポートフォリオでは最も基本となるフォーマットです。左右どちらのページになっても大丈夫なようにデザインしておきましょう。

見開き処理
横長のフォーマットなら、見開きの大きさの用紙を入れることができるバインダーが適しています。

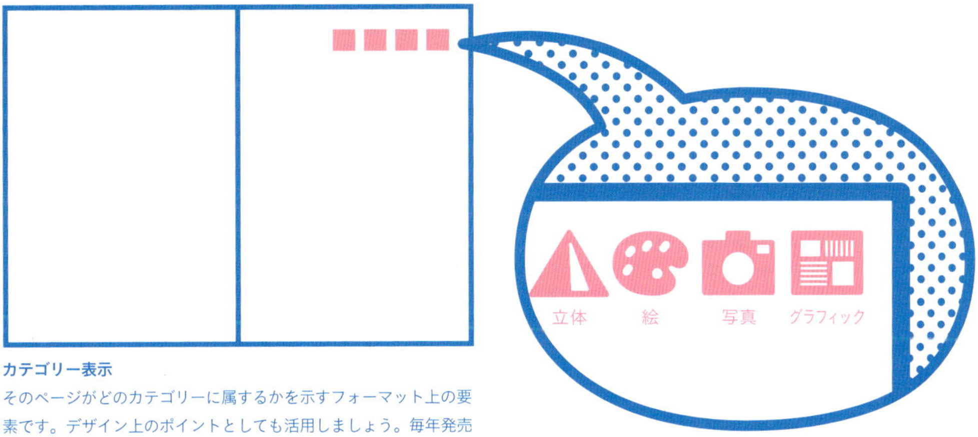

カテゴリー表示
そのページがどのカテゴリーに属するかを示すフォーマット上の要素です。デザイン上のポイントとしても活用しましょう。毎年発売されるデザイン年鑑本は、情報処理の見本として最適です。プロのテクニックを参考にしましょう。

見やすいレイアウトのコツ

見やすいレイアウトデザインを行うコツは、画像やキャプションを同一のルールに従って配置することです。その際に武器となるのがレイアウトソフトにある「ガイド」の機能です。ガイドは画像やテキストを配置するための補助線で、フォーマット上にガイドを引いておくことでページを分割しておき、それに基づいて要素を正確に配置していくことができます。ポートフォリオの主役はあくまでも作品ですのでできるだけ大きめに、また立体作品を見せる場合は展示風景や制作の過程、中身や使用感を同時に見られるデザインが適しています。

ガイド機能を使ったレイアウトの例

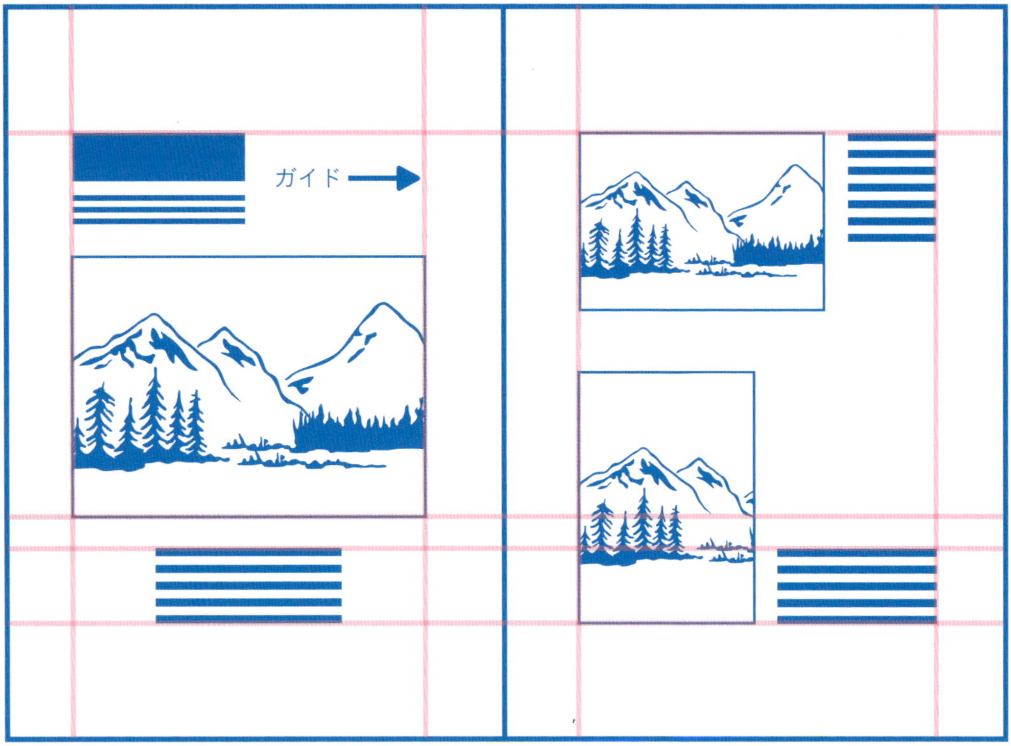

画像やキャプションの端が揃っていると、レイアウトがきれいに見えます。また、ページが変わってもタイトルやキャプションの位置が揃っていると、より整理された印象を与えられます。こうしたデザインの手法はグリッド（格子状）システムと呼ばれるもので、統一感が得られる反面、単調になりがちです。そのためジャンルの切り替わりやアピールしたいページについては、あえてガイドにとらわれない配置をしてみることも必要です。

フォント（書体）を選ぼう

タイトルやキャプションに使う、書体にもこだわりましょう。書体には個性があり、例えば、明朝体は保守的や伝統性、ゴシック体はパワーがあって若いイメージが思い浮かぶでしょう。サイズや組み方によっても印象は大きく違ってきます。希望する業種や、自分自身の打ち出したいテイスト、ポートフォリオ全体のコンセプトに基づいて書体はうまく選びましょう。書体は複数の種類を使ってもよいですが、同一のファミリー（太さを変えたセット）を使った方がデザインはまとまりやすく、作品のイメージを引き立てるのに役立ちます。できれば印刷向きにデザインされているモリサワ社の書体などプロユースの書体を選び、文字と文字の間隔（カーニング）も調整しましょう。Mac OS ならばデフォルトで入っているヒラギノはファミリーも豊富で美しく、おすすめです。

欧文と日本語フォントのマッチング

文字組みにこだわりを見せるなら、本文中で使用しているアルファベットも日本語書体に入っている欧文そのままではなく、欧文書体を使用したいところです。欧文書体は日本語で明朝体を使ったなら Serif 体（Garamond や Caslon などのかざりつきのフォント）、ゴシック系なら San-serif 体（Helvetica や Univers などの角ばったフォント）を使用するというのが定石です。レイアウトソフトには文字種（漢字、かな、欧文、数字など）別にフォントを指定できる機能があるので、それを使うとアルファベットに欧文書体を用いることが効率よく実現できます。

欧文書体と日本語書体の組み合わせ例

明朝体

平成明朝体＋Garamond　　電子音楽の CONCERT のために制作した POSTER です。
ヒラギノ明朝体＋Caslon　　電子音楽の CONCERT のために制作した POSTER です。

ゴシック体

中ゴシック体＋Helvetica　　電子音楽の CONCERT のために制作した POSTER です。
平成ゴシック体＋Univers　　電子音楽の CONCERT のために制作した POSTER です。

ポイントを順序立てて伝えるレイアウト

プロダクトデザインの作品のそのものだけではなく、バックグラウンドからコンセプト、その使用法までを順序立てて解説している。しっかりしたレイアウトフォーマットで、作品が作られたプロセスをひと目で理解できる。

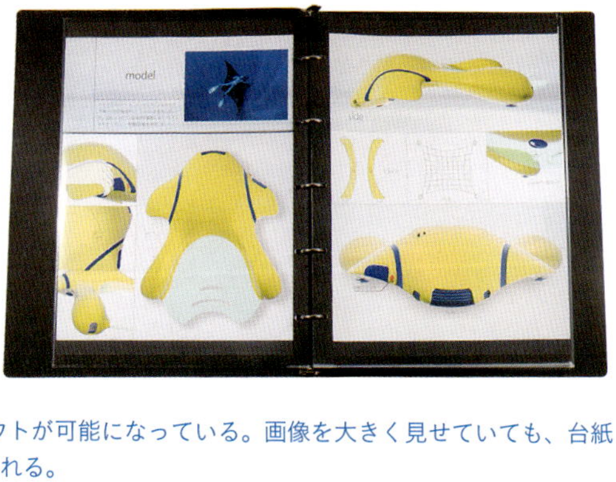

フォーマットがしっかりしていることで、逆に自由なレイアウトが可能になっている。画像を大きく見せていても、台紙の黒色が全体を引き締めているため、落ち着いた印象が感じられる。

Y・Iさん 長岡造形大学 造形研究科修士課程プロダクトデザインコース２年生。家電メーカーに内定済み。

アナログのぬくもりを伝えるレイアウト

丁寧な手製本で作られたポートフォリオ全体から、ぬくもりのある人柄がにじみ出ている。アンティークな書体、ノートをモチーフにした罫線など、一貫したデザイン要素を用いてうまく情報を整理している。

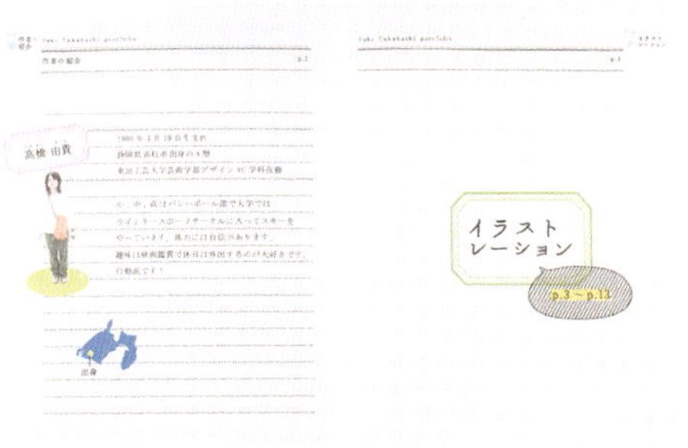

高橋 由貴さん　東京工芸大学 デザイン学科 VC コース 4 年生。広告制作会社に内定済み。

装飾に凝ったレイアウト

バックグラウンドに作品と連動した模様を敷いて、見開きごとに作品の世界観をうまく演出。ノンブルに用いた作者の顔のマークや、語りかけるような軽快な解説文で、日本画の堅くなりがちなイメージをポップな印象に。

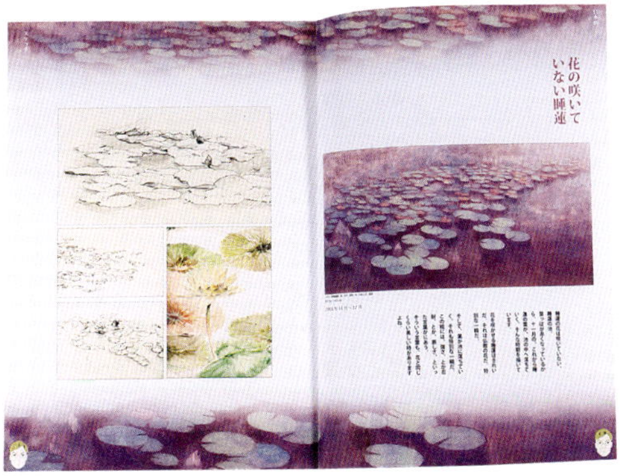

藤田さん　京都精華大学 芸術学部造形学科日本画コース卒業。

STEP 6 製本をしよう

ポートフォリオのデザインが完成したら、レイアウトしたページを印刷し、それを本の形に束ねていきましょう。ファイリングや製本にはいろいろな手法があるので、ポートフォリオの使用目的によって手法を使い分けましょう。

テスト印刷をしよう

製本をする前に、ラフのポートフォリオを作って、ポートフォリオの内容の最終チェックをしてみましょう。出力は自宅や学校のプリンターなど簡単なものでかまいません。また１００円ショップで売られているような安価なクリアファイルに入れてみてもよいでしょう。それをもとに、ポートフォリオの具体的な最終形のイメージをつかむことができます。ラフのポートフォリオを、家族や友だちに見てもらい、客観的な意見を聞いてブラッシュアップしてみよう。

製本前のチェック項目

コンセプト	伝えたいポイントがわかりやすいか？	
	希望する企業、職種に対して適切なメッセージがあるか？	
作品	クオリティにムラがないか？	
	希望する企業、職種に適した作品が入っているか？	
	作品の方向性がばらつきすぎていないか？	
	自主作品は入っているか？	
説明文	作品を説明するのに十分な情報が書かれているか？	
	受賞歴などアピールできる情報が漏れていないか？	
	キャプションは読みやすくまとまっているか？	
	誤字脱字はないか？	
ページ構成	前半に自信作が入っているか？	
	ページの見せ方が自然に感じるか？	
レイアウト	見やすく、わかりやすいか？	
	作品のカテゴリーはわかりやすく分類されているか？	
	書体の種類、大きさは適切か？	

2種類のポートフォリオ

ポートフォリオには2つの使用目的が考えられます。1つには、応募書類用など採用担当者に渡したまま保管してもらうためのポートフォリオ。もう1つは、面接時に見せながらプレゼンテーションするための、返却を前提にしたポートフォリオです。返却を想定するものは手作りの1点もの、あるいは高価な作りのファイルを使用してもよいでしょう。ポートフォリオの返却を想定しないものは、クリアファイルか、サービスビューローのオンデマンド印刷などで製本したもので、予備も制作しておくとよいでしょう。また、どちらにしても表紙や背表紙を見ただけで、誰のものか判別できるように工夫しましょう。大量のポートフォリオから見つけ出されやすくすることが、チャンスに繋がる可能性もあるのです。

返却を前提にしたポートフォリオ

・手作りの一点もの
・高価なファイル
・大きめの版型

返却不要のポートフォリオ

・市販のファイル
・オンデマンド印刷
・コンパクトな版型

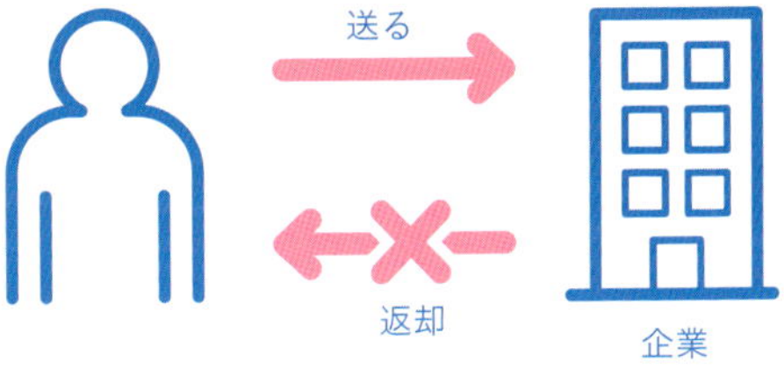

2種類とも作っておくと便利じゃぞ。
それぞれの用途を考えながら、製本の方法を考えなされ。

ファイルの種類

ポートフォリオを束ねるためのファイルには、さまざまな種類のものがありますが、中でもおすすめは、リング式のファイルです。その利点は、中身をいつでもアップデートできるところです。さまざまな人の意見を聞いた後で、中身をブラッシュアップすることもできますし、ポートフォリオの構成を見せる相手によって変えられるというメリットもあります。送付用は、ページを入れ替える必要がないので、クリアファイルが便利です。ポケット数が余らないように、台割を決める段階から、総ページ数を市販のクリアファイルのポケット数に合わせておくとよいでしょう。

出力サービスと手製本

出力サービスセンターなら、レーザープリンターで出力したものを裁断し、1冊から製本してもらうこともできます。また、コストはかかりますが、オンデマンド印刷などを利用してポートフォリオを少部数で作ることもできます。ただしその場合、一度作ったものは変更がききません。自分自身の作品集であるかのような印刷物には、普通のファイリングには望めない訴求力があります。手先の器用さをアピールしたいなら、手製本もよいでしょう。

製本手法のメリット・デメリット

種類	数量	価格	アピール度	編集	時間
クリアファイル	○	◎	○	△	○
リングファイル	△	△	△	◎	○
出力センター	◎	×	○	×	△
手製本	×	△	◎	×	×

それなりの出費は覚悟すべし。かといって製本に手間をかけすぎて、肝心の作品が目立たないのは本末転倒じゃ。

市販のファイル＆製本キット

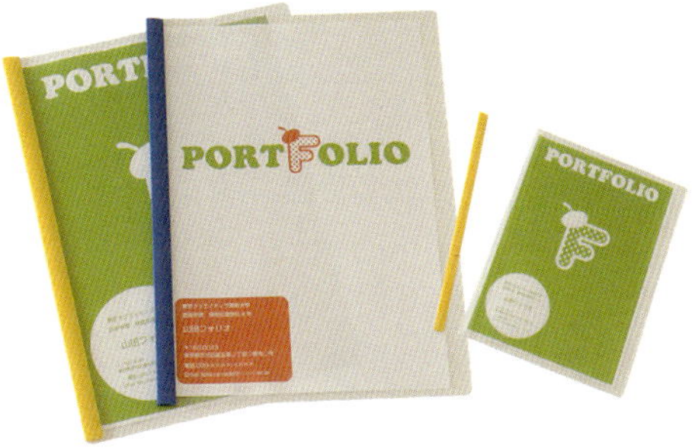

レールファイル
プリントアウトした紙束をファイルにはさみ、レールで固定すれば冊子状になる。挟むだけなので、カスタマイズも簡単。フィルムを通さず、じかに作品を見せることができるところがメリット。ただし、裏表で見せたいなら、両面印刷の必要あり。その場合は、印刷が透けないように厚めの紙を使用する。

クリアファイル
リフィルのポケットを閉じたファイル。値段は100円ショップで売られているものから、革製のカバーが付けられた数千円のものまで。安いものを使うと、ファイル自体の強度やリフィルの透明度が落ちるので注意。カバーを透明のものにすれば、閉じた状態でも表紙が見せられる。ページ数を調節できる種類もある。

リングファイル
ページを自由に増減でき、背表紙もデザインできるのがリングファイルのメリット。カスタマイズが多い人にはおすすめ。また、ノドが平たく開くので、作品が歪むことなくきれいに見せられる。2つ穴よりも、上から下まで穴のある仕様の方が、リフィルの安定感がある。カバーは黒など地味な色よりも、カラフルな色を選んでもよい。

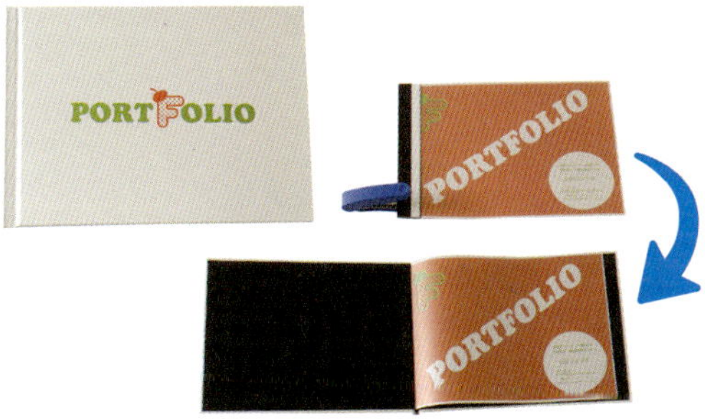

簡易製本キット
製本に必要な部品がすべてセットになった製本キット。自分の手で本の製本が簡単にできる。製本方法はさまざまな種類があるが、特に簡単なのはホッチキスでサイドを止めて、両面テープで表紙を装着するタイプ。多少お金はかかるが、短時間で作ることができるので、ここぞという企業には送付用に使ってもよい。

3,990円（税込）
問：PCM 竹尾デジタルメディアグループ
03-3295-7500
（9：00～17：30 土・日を除く）

ボックス型ファイル（PCM 竹尾）
A3ノビ（483×329mm）サイズの紙がきっちりと収まるサイズ。箱の中に、作品をそのまま直に入れる仕様になっている。作品と作品の間に挟む中敷の紙が付属され、原画や写真プリントを入れるのに最適。箱を開いた状態で、作品を横へスライドしながら閲覧ができるので、面接時のプレゼンテーションにも大活躍。

紙を選ぶ

用紙の選択は、全体のテイストを決める要素のひとつです。また、印刷の際の色の再現にも関わるので、自分のポートフォリオにはどんな用紙がフィットするか考えてみましょう。インクジェットプリンタを使用する場合は、メーカー指定の高品質用紙をおすすめします。

紙の種類

通常は、発色のよいコート紙などを使用することが多いですが、手描きのイラストなど風合いを重視するなら上質系の紙を選択してもよいでしょう。画材屋さんや紙の専門店には沢山の用紙見本があるので、参考にしましょう。出力サービスセンターでは、紙の種類には制約がありますが、コート系や上質系など何種類かの紙から選ぶことができます。台紙として使うならば、厚手のもので色のついたカラー用紙でもよいでしょう。

紙の厚み

ファイリングの場合はめくりやすいように厚手の紙を選ぶか、台紙を挟み込みましょう。また、製本した書籍にする場合、紙の厚さはポートフォリオの印象を左右する大切な要素になってきます。厚手の紙を使用して、分厚い本にして貫禄を出してもよいでしょう。表紙には本文より厚い紙を使用しましょう。

紙の種類の詳細

紙の種類	光沢感	発色	風合い
●上質紙 化学パルプ使用率100%の紙	×	×	◎
●アート紙 上質紙に40g/㎡前後の塗料を塗工した紙	◎	◎	×
●コート紙 上質紙や中質紙（化学パルプ使用率70%以上の紙）20g/㎡-40g/㎡程度の塗料を塗工した紙	○	◎	×
●マットコート紙 コート紙の光沢を抑えた紙	△	○	○

ファイルをカスタマイズしてアピール力を高める

オリジナルアートワークがプリントされた布を使った手製本。リングファイル用のファイルをベースにしているので、強度も十分。課題やオリジナル作品と絵だけを入れたとものとサイズの違う２冊をセット。物としてのアピール力が高い仕上がりになっている。

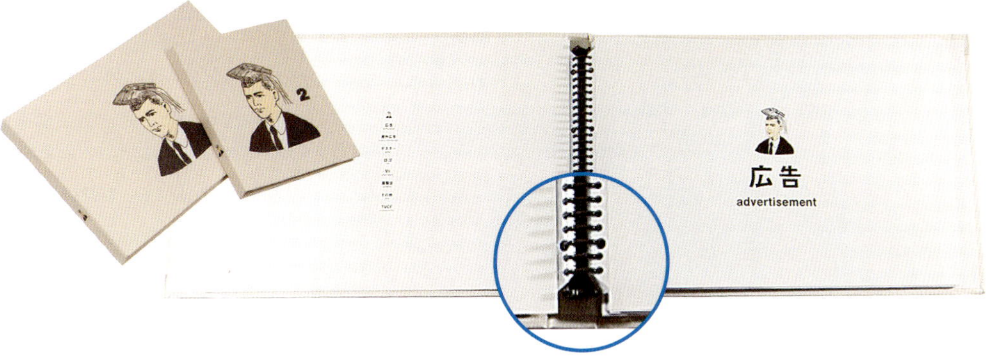

岡田 啓佑さん　東京工芸大学 デザイン学科 VC コース４年生。広告制作会社に内定済み。

一点物のプロダクトとしてアピールする

表紙に鉛のプレートをはめ込んで、本に重厚感を与えている。ポートフォリオ自体をプロダクトとして作り込み、デザインに対しての鋭い感性と技術力をアピールできている。各ページのキャプションは、リングファイルにカードを挟む凝った造り。

村山 雅成さん　理系大学工学部卒業。現在、グラフィックデザイン関連の制作会社に勤務。

各業界に向けた個別対策例

当然ながら、業界ごとにポートフォリオのどこを重要なものとして見るかのポイントは違ってきます。各業界の傾向と、何が求められているのかをしっかりと研究し、効果的にポートフォリオを構成するようにしましょう。

実製品への落とし込みで即戦力をアピール

オリジナルのゲームをイメージした作品は発売告知ポスターや DVD パッケージまで徹底して作り込む。プロの仕事をイメージした落とし込みに、即戦力としての可能性を感じさせる。

加藤 由夏さん　バンタン電脳ゲーム学院 ゲームグラフィッカー学部キャラクターデザイナー専攻 2 年生。ゲーム制作会社に内定済み。

作品の制作過程がわかる素材を見せる

3DCG では、作品が完成に至るまでさまざまな工程を経る。 2D、3D、テクスチャ、レンダリングなどの過程で作る素材はキャプチャをして入れておこう。自分のスキルをアピールできるだけでなく、すべて自分の手で制作したという証拠にもなる。

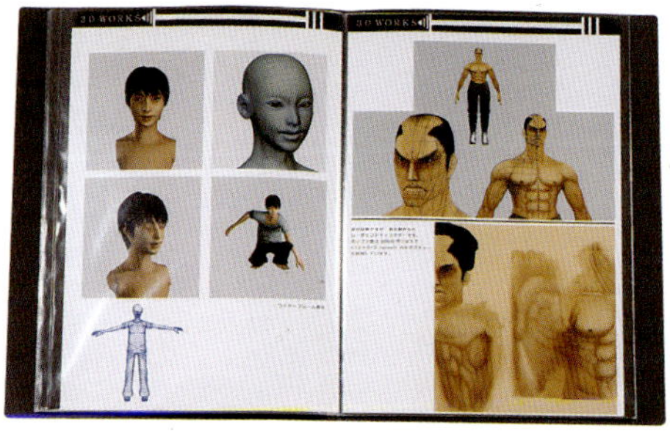

平野 将幸さん　日本電子専門学校 コンピューターグラフィックス科卒業。VFX デザイナーとして株式会社白組に勤務。

小林 睦さん　武蔵野美術大学 日本画学科 4 年生・デジタルハリウッド総合 Pro コース。テレビ系 CG 制作プロダクション内定済み。

実力を作品の量でアピールする

アニメーション業界では、たくさんの絵を見ることが重視される傾向がある。逆に、ページの構成や、レイアウトなどは重視されないこともある。ただし、企業に迷惑になるほど多くてもダメ。４０ページ程度のファイルで２冊が適量。人が連続して動いている動き、背景、人の全身の絵。動物もあればなおよいだろう。

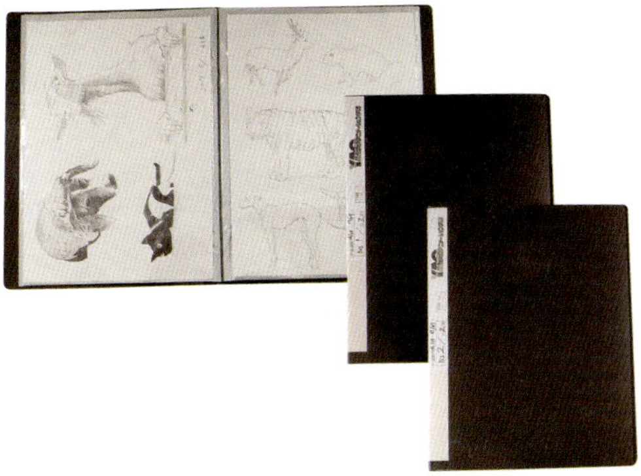

野見山 修吉さん　代々木アニメーション学院福岡校 アニメーター科卒業。動画マンとして株式会社ガイナックスに勤務。

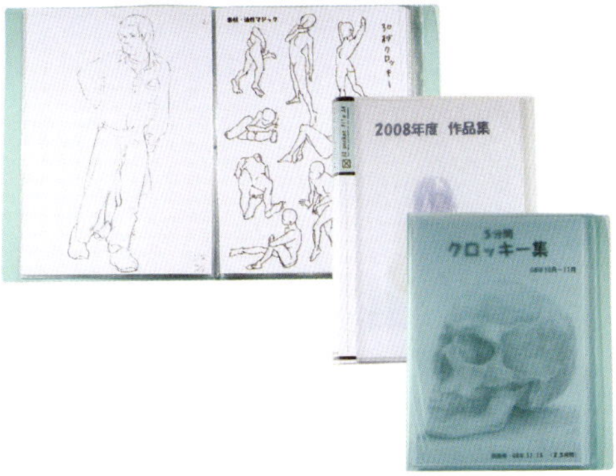

谷 友子さん　バンタン電影アニメマンガ学院 アニメスタジオ専攻科。アニメ制作会社に内定済み。

応募企業に合った作品を入れる

就職してからどのような能力を発揮できるのかを想像させる作品があると、採用担当者の印象にも残りやすく、面接時にも話題にしやすい。志望する企業に入ったつもりで、オリジナルのデザインを作ってしまうのも手だ。

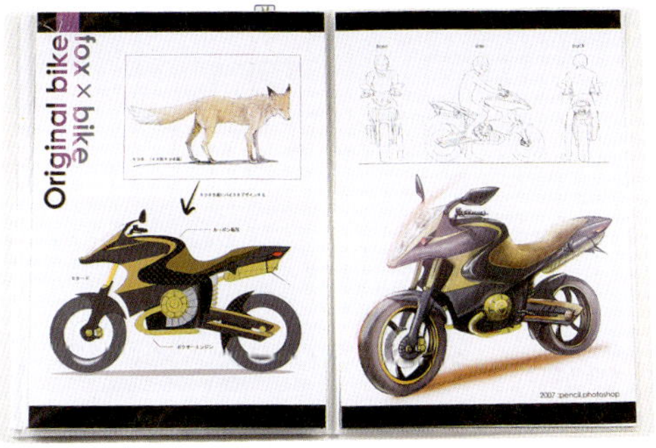

齋藤 美波さん　東北芸術工科大学 美術科洋画コース版画専攻４年生。大手自動二輪メーカーに内定済み。

映像作品にはデモリールは必須

映像作品には DVD などのメディアでデモリールを添付しよう。その際に、５分～１０分程度に編集して短くまとめたもののほうが親切。パッケージや盤面などのデザインもしっかりしておくと印象に残りやすい。

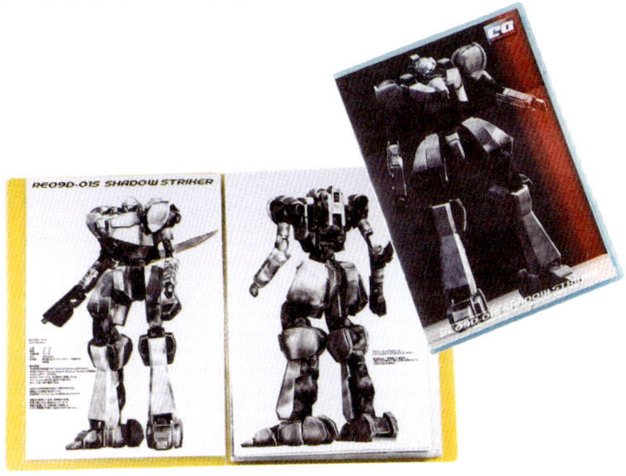

諏訪 広太朗さん　デジタルハリウッド東京本校 本科 CG 系専攻卒業。総合フォトディスプレイ制作会社、株式会社カシマ勤務。

博士、わかったよ！ポートフォリオは目的によって、いろんな形があっていいんだね。
自分らしさを伝える手段だから、ひとつの正解はないってことなのね！
やっと、わしの言葉がわかってきたようじゃな。
火事になったら、まずそれを持って逃げるくらい立派なものを作りますよ！
博士、長い道のりだったけど、最後までありがとうございました。もうこれで博士ともお別れだと思うと、悲しいわ～
わあ～ん
オイ、ちょっと待ちなされ。この本はまだ終わっていないのじゃ。ポートフォリオは、作るだけで満足してはならん！最後にポートフォリオを届けるまでと、面接の注意点を整理しておいた。就職活動はどの過程でも手を抜いてはならんのじゃ！

PART 5

応募の注意点とアドバイス

STEP 1 採用情報をリスト化しよう

就職活動の勝負は、よい情報に巡り会えるかどうかで決まります。Web サイト、書籍、学生課など、利用できる情報源はすべて利用し、希望する会社の情報は頭に叩き込んでおきましょう。また、集めた情報をリスト化して整理しておくことも大切です。

希望する企業をリスト化

興味のある企業をピックアップして、その企業の情報をできるだけ集めましょう。会社の Web サイトなどを見れば会社の概要などは大体わかりますが、さらに四季報の情報や、日頃から業界の書籍や雑誌などをチェックしておくとよいでしょう。そうした情報は、Excel などでリスト化しておきましょう。そうすれば、企業ごとに比較したり、情報をアップデートすることも容易です。少しでも自分の理想に近い企業を探し出し、そこで仕事をしている自分を思い浮かべながら、就職活動の対策をしていきましょう。

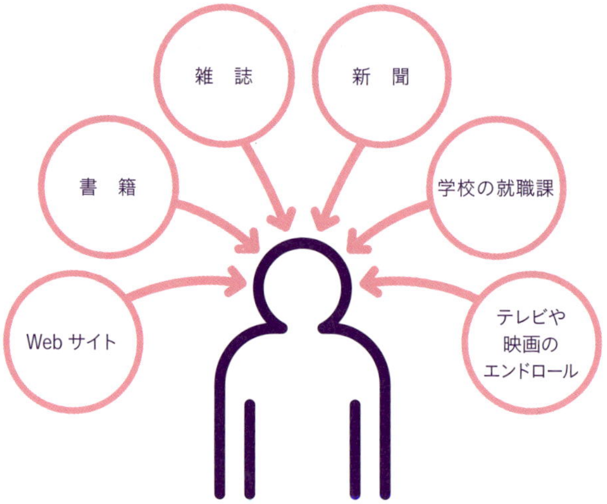

表の項目のほか、資本金、経常利益、株価、社員数、離職率、福利厚生、理念、代表的な制作コンテンツなどもリスト化すべし！
業界研究とは情報を比較分析し、自分の価値基準を明確にする作業でもあるのじゃ！

応募する企業リスト

	社名	住所	勤務地	人事・採用連絡先	会社説明会日程
1					
2					
3					
4					
5					
6					

目指せ５０社！

採用情報収集に役立つ出版物・Webサイト

内容	タイトル	版元・アドレス	ジャンル
書籍			
採用情報	広告クリエイター就職ガイド	宣伝会議	広告・映像・Web
	BNV	モーフィング	クリエイティブ系全般
	creator クリエイターをめざす人のための就職情報読本	日本広告制作協会	広告・映像・Web
	映画・映像業界就職ガイド	キネマ旬報社	映像・CG・アニメーション
	就職四季報	東洋経済新報社	就活全般
	マスコミ就職読本	創出版	クリエイティブ系全般
業界入門	PARTNER 美大生のフリーマガジン	モーフィング	クリエイティブ系全般
	アミューズメント 最新データで読む産業と会社研究シリーズ	産学社	ゲーム・パチンコ・パチスロ
	クリエイターになりたい 文章・絵・音楽・コンピュータ	理論社	クリエイティブ系全般
	インダストリアルデザイナーになるには	ぺりかん社	プロダクトデザイン
	Web クリエイターになる！？	秀和システム	Web
企業リスト	CG プロダクション & クリエイター	ワークスコーポレーション	映像・CG
実例集	内定者の実例エントリー	新星出版社	就活全般
Web サイト			
採用情報	美ナビ	http://www.binavi.com/	クリエイティブ系全般
	広告就職ナビ	http://koukokunavi.jp/	広告
	GAMEJOB	http://www.gamejob.jp/	ゲーム・アニメーション
	ラクジョブ	http://raku-job.jp/	ゲーム・アニメーション
	クリ博	http://www.kurihaku.jp/	クリエイティブ系全般
	creator.Job Stage	http://creator.job-stage.jp/	クリエイティブ系全般
	TV エグザム	http://www.tv-exm.net/	映像
業界入門	アニメーション業界ガイドブック	http://www.dcaj.org/	アニメーション
企業リスト	日本動画協会（AJA）	http://www.aja.gr.jp/	アニメーション
	日本ウェブ協会（W2C）	http://www.w2c.jp/	Web
	日本映画製作者連盟（映連）	http://www.eiren.org/	映像
	コンピュータエンターテインメント協会（CESA）	http://www.cesa.or.jp/	ゲーム
	日本グラフィックデザイナー協会（JAGDA）	http://www.jagda.org/	クリエイティブ系全般
	日本広告制作協会（OAC）	http://www.oac.or.jp/	広告
	日本インダストリアルデザイナー協会（JIDA）	http://www.jida.or.jp/	プロダクトデザイン
	パチンコチェーンストア協会（PCSA）	http://www.pcsa.jp/	パチンコ・パチスロ
	日本アド・コンテンツ制作社連盟（JAC）	http://www.jac-cm.or.jp/	広告

STEP 2 エントリーシートを書こう

就職活動で最初に提出するもの、それがエントリーシートです。一般企業と同様に、クリエイティブ業界でもエントリーシートの提出が求められます。応募企業をリスト化したら、ポートフォリオと並行してエントリーシートの制作に着手しましょう。

エントリーシートの役割

ポートフォリオがセンスやスキルなど「今までやってきたこと」を見せるものだとしたら、エントリーシートは、人柄や志望動機など「これからやりたいこと」を見せる応募書類です。とある大企業での例を挙げると、内定３０人の枠の職に、約３万人もの学生が応募し、エントリーシート選考段階で３０００人にまで絞られてしまったといいます。企業にとってあなたは、たくさんの応募者の中の１人。エントリーシートで不採用になったら、いくら素晴らしいポートフォリオを制作しても、目を通してもらえません。エントリーシートとは、ポートフォリオを見てもらうための「プレ面接」なのです。

客観性がポイント

独創性が要求されるクリエイティブ業界ですが、エントリーシートにおいて留意したいのは「客観性」です。具体的な実績やエピソードを明示したり、５Ｗ１Ｈを意識して、簡潔で誰が読んでも分かるエントリーシート作りを心がけましょう。

５Ｗ１Ｈの要素

- WHO 誰か
- WHY なぜ
- WHAT 何を
- WHERE どこで
- WHEN いつ
- HOW どのよう

自己分析シート

好きなことや得意な分野、ものづくりに対するこだわりなど、誰しも何らかの特性を持っています。自分の性格をより説得力のある効果的な自己PRに仕上げるためには、具体的なエピソードを証拠に示すよう心がけましょう。

自己分析シート

自分のこれまでを振り返って（歴史）

	中学校	高校	大学
やったこと			
制作したもの			
成功体験			
失敗体験			

長所・短所

	長所	短所
考え方		
行動パターン		

強み・弱み

	強み	弱み
知能 （情報処理・記憶・思考、文章力等仕事に役立つ能力）		
意思力 （何かをやり遂げる精神力）		
クリエイティブ （課題制作、コンテスト、自主制作、学んできた技術、表現等）		
技能 （自動車運転・パソコン等）		

好き嫌い

	好き	嫌い
仕事		
遊び		
環境		

趣味

アウトドア	インドア

自分の売り込みたいポイントを整理する

1．クリエイティブ

私は［　　］を意識して［　　］作品を制作している

具体的には［　　］の時［　　］に取り組み［　　］賞を頂きました

2．自分の性格

私の性格は［　　］な反面［　　］な一面を持っている

例えば［　　］の時に［　　］をして成功に導いた（失敗を挽回した）

3．自分が向いていると思う仕事

［どこ　　］で［こんな仕事　　］を［こんな風に　　］する仕事

エントリーシート記入例

ポートフォリオ同様、エントリーシートも第一印象が肝心です。もちろん「中身」が一番大事ですが、提出する前にきちんとレビューして、「見た目力」もアップさせましょう。誤字や脱字などの些細なミスが、せっかく練り上げた自己PRを台無しにしてしまう可能性もあるのです。

フリガナ	ヤ マ ダ　フ ォ リ オ	男・女	生年月日	昭和　平成　62年　7月　1日	写真貼付 タテ4cm × ヨコ3cm
氏名	山田　符御利緒		年齢	満　22　歳	
学校名	○○美術　大学　大学院　芸術　学部　視覚伝達　学科			平成　年　月　卒業見込	
現住所	〒150-0043 東京都渋谷区道玄坂○丁目○番地○号			電話　(　　)	
帰省先住所	〒			電話　(　　)	
携帯/PHS	090-××××-××××	E-mail	E-MAIL folio.yamada@△△△△.ne.jp		

資格免許	平成　18　年　2　月	実用英語技能検定2級
	平成　19　年　7　月	普通自動車第一種免許
	平成　年　月	
	平成　年　月	

【自己PR】

私の一番の強みは「最後まであきらめない粘り強さ、前向きさ」です。先日、課題でグループ作品を制作した時の出来事です。作品は完成していたのですが、提出の目前でPCがクラッシュしてしまい、データが壊れてしまいました。提出のリミットまで24時間を切っており、「もう24時間もないから無理だ」と諦めはじめたゼミの仲間たちに「まだ24時間もあるから大丈夫！」と励まし、なんとか満足のいく作品を仕上げ、無事提出することができました。

【志望動機】

貴社の制作した○○○社「×××」広告のクオリティの高さに魅せられ、先日のクリエイティブ博覧会に参加させていただきました。その際、ご対応いただいた貴社ご担当者様に、懇切丁寧な説明をいただのですが、お話を伺うにつれ、その豊かな想像力、独創的なセンス、そして何より広告制作に対する真摯な姿勢に感銘を受け、貴社で働かせていただきたいと思うようになり、応募させていただきました。さらなる高みに向けて貴社のお役に立てるよう、日々精進したく思います。

提出する前のチェックポイント

- □ 企業指定のフォーマットを活用しましょう。
- □ パソコンでの作成はおすすめしません。（Web 上エントリーの場合は別）通常、指定された書類にて提出する場合は、すべて手書きで黒または濃紺の万年筆かそれに準ずる色のボールペンを使用するのが原則です。
- □ 書き損じたら修正液や取り消しの二本線などは使わずに。きちんと下書きをした上で、書き損じたら一から丁寧に書き直しましょう。
- □ 記入漏れがないか確認しましょう。また、過剰な余白がある、字面が揃っていないなど、読みづらく、雑な印象を与える箇所はないかも、あわせてチェック。
- □ 漢字や英字の綴りに誤りはないですか？　辞書などを使って確認しましょう。
- □ 丁寧語、謙譲語表現は適切か？「貴社」「～させていただく」などの表現に誤りがないですか？「～です・ます」などの文体が整っているか確認しましょう。
- □ 写真はカラーで、万が一剥がれた時のために裏面に氏名や大学名などを記しましょう。
- □ 数字は算用数字が基本です。表記は統一して使用しましょう。
- □ 手元に必ず控えのコピーをとっておきましょう。
- □ 面接時にエントリーシートに記載した内容は質問されることが多いため、面接前に必ず提出した内容を見直しましょう。
- □ 年次の表記は外資系であっても元号が標準です。
- □ 免許・資格欄には有益と思われるものを書きましょう。あまり高くない資格の記入は評価を落とす可能性もあります。（できればすべて２級以上の記載を）

面接時にはエントリーシートの内容を
質問されることもある。
手元に控えは必ず取っておきなされ！

STEP 3 ロゴ・名刺を作ろう

名刺は自己紹介には欠かせないツールです。データを用意しておけば、ポートフォリオの奥付やラベルなどに流用して、連絡先表示に使うことも可能です。クリエイティブ業界を志望するなら、オリジナルのロゴを使った名刺を制作しておくのがよいでしょう。

名刺に必要な要素

● ロゴ

意外かもしれませんが、名刺をもらった相手が真っ先に目をやるのが、ロゴのデザイン部分です。単なるかざりのように思えるかもしれませんが、実は一番センスが問われる部分です。「この応募者に仕事を任せたい、入社して欲しい」と思わせるようなロゴを制作しましょう。

● 得意分野

例えば同じWeb系のクリエイターでも、「デザイナー」「Flash制作」「コーディング」など、職種や待遇が異なります。必ず自分の得意ジャンルを明記しましょう。

● 学校名

就職活動時には、名前よりも、学校名で覚えられることもあるので必ず入れておきましょう。また、専攻、学年も忘れずに。

● 姓名

漢字にはふりがなを振りましょう。フォントは見やすいものをチョイスし、読みやすいレイアウトで見せましょう。

● 連絡先

電話番号や住所など、連絡先のデータには絶対に誤りがないようにしましょう。デザインが組み上がったら、テスト印刷を行い、必ず一字一句、確認しましょう。

印刷はインクジェットプリンタよりも、レーザープリンタがきれいに仕上がる。枚数が多い場合は、印刷業者に頼んでもよいじゃろう。

名刺デザインの例

現在国内で使われている名刺のほとんどが、55×91mmの4号と呼ばれるサイズです。このほか一回り小さい3号サイズなども稀に流通しています。縦／横、モノクロ／カラーの別、フチの有／無、片面／両面印刷の別、紙質などで印象がガラリと変わります。それらを熟考した上で、オリジナリティを演出していきましょう。

例1

横型4号サイズ、モノクロ片面印刷
55×91mm

例2

横型3号仕様サイズ、カラー両面印刷
49×85mm　角丸加工

例3

縦型4号サイズ、カラー片面印刷
55×91mm

クリエイティブの象徴である
ベレー帽をモチーフにして
ロゴを作ってみました♪

STEP 4 ポートフォリオを送付しよう

送付することを求められることが多いポートフォリオ。いざ送るとなると郵送用のサブアイテムにもこだわりたいところです。ポートフォリオをよりよく見せるためにも、きちんとしたカバーレターや封筒、名刺などを準備しておきましょう。

ポートフォリオを送付するにあたり必要なもの

- カバーレター ・・・・・・・ 形式的な内容でよいので、必ず添える
- エントリーシート（履歴書）・ 企業指定のフォーマットがあれば必ず使う
- ポートフォリオ本体 ・・・ 返却されるのか、されないのか確認しよう
- 名刺 ・・・・・・・・・・・・・ 名刺があれば、名刺をカバーレターのクリップで留めておく
- 封筒 ・・・・・・・・・・・・・ 厚めの封筒がオススメ。裏面には、自分の住所も忘れないように

送る前のチェックポイント

□ 入れ忘れを確認

同梱物の入れ忘れがないかチェックしましょう。特にCD-Rなど肝心の内容物を入れたつもりで空のディスクを入れていたり、送りそびれてしまっては意味がありません。
最終確認を忘れずに行いましょう。

□ 折れないようにしよう

Ａ４サイズの書類は折らずにそのまま入れたほうが好印象です。また、配送時に折れ曲がったり、盤面が割れてしまったりする場合もあるので、必要に応じて厚紙を入れて補強したり、割れ物は緩衝材やプラスチックケースに入れたりと、細かな部分にも配慮しましょう。

□ 各同梱物に名前を入れよう

各種書類やCD-Rなど、選考の際にバラバラになってしまいがちなアイテムには、ラベルを貼って自分の名前を明示しておくとよいでしょう。名刺のデザインフォーマットを封筒やラベルに流用して、視覚的なインパクトを与えるのもひとつの方法です。

カバーレターの書き方

カバーレターとは「添え状」のことです。ポートフォリオを送付する時に、簡単な挨拶文と応募経緯、希望職種などの情報を書き添えます。内容物のリストも書いておき、履歴書やポートフォリオなどの内容物の入れ忘れがないかを確認しておきましょう。特に決まった形式はありませんが、簡潔な短文で用紙1枚にまとめることが原則です。基本的な文章力やレイアウトのセンスが問われる重要なツールなので、応募前に忘れずに作成しましょう。

カバーレター文例

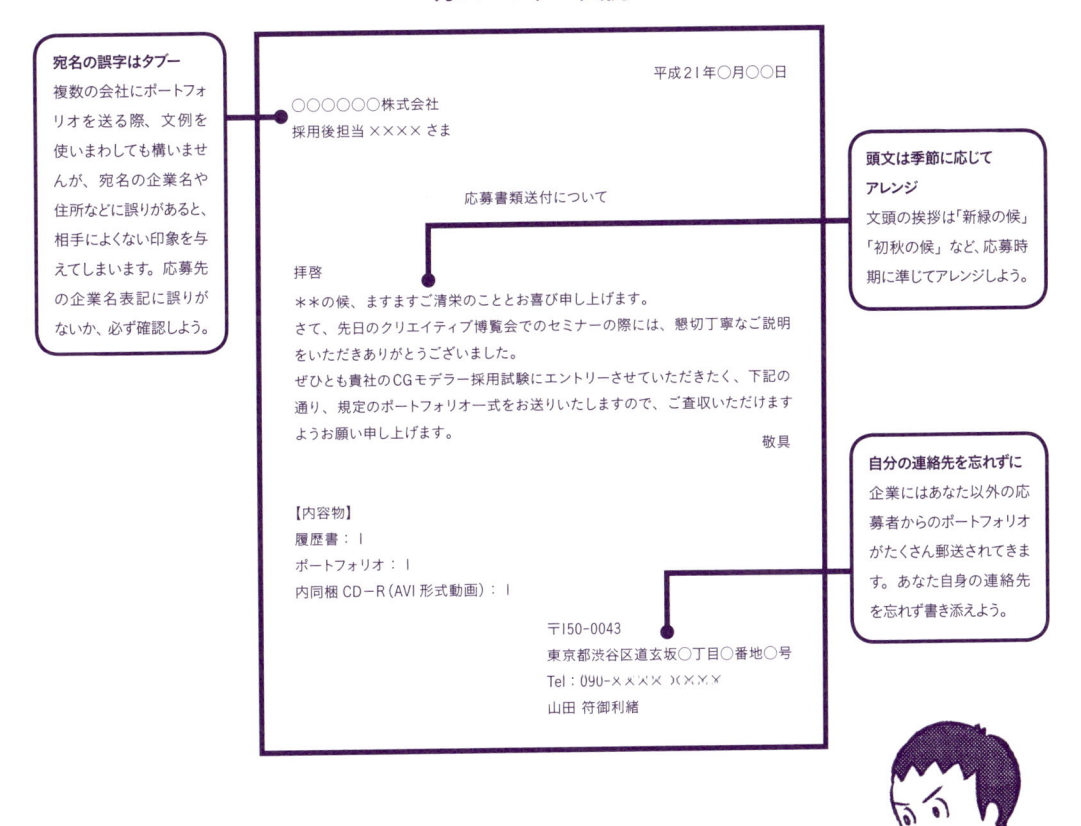

宛名の誤字はタブー
複数の会社にポートフォリオを送る際、文例を使いまわしても構いませんが、宛名の企業名や住所などに誤りがあると、相手によくない印象を与えてしまいます。応募先の企業名表記に誤りがないか、必ず確認しよう。

平成21年○月○○日

○○○○○○株式会社
採用後担当 ×××× さま

応募書類送付について

拝啓
＊＊の候、ますますご清栄のこととお喜び申し上げます。
さて、先日のクリエイティブ博覧会でのセミナーの際には、懇切丁寧なご説明をいただきありがとうございました。
ぜひとも貴社のCGモデラー採用試験にエントリーさせていただきたく、下記の通り、規定のポートフォリオ一式をお送りいたしますので、ご査収いただけますようお願い申し上げます。

敬具

【内容物】
履歴書：1
ポートフォリオ：1
内同梱 CD−R（AVI 形式動画）：1

〒150-0043
東京都渋谷区道玄坂○丁目○番地○号
Tel：090-×××× ××××
山田 符御利緒

頭文は季節に応じてアレンジ
文頭の挨拶は「新緑の候」「初秋の候」など、応募時期に準じてアレンジしよう。

自分の連絡先を忘れずに
企業にはあなた以外の応募者からのポートフォリオがたくさん郵送されてきます。あなた自身の連絡先を忘れず書き添えよう。

ここでは独創性よりも、
形式を守ることが大切なんだな。

STEP 5 面接でアピールしよう

応募のあとも、ポートフォリオは手放せません。面接時には自身のスキルとセンスを最大限にアピールしましょう。同じクオリティのポートフォリオでも、プレゼンテーションの仕方ひとつで評価が大きく変わります。

面接のポイント

面接で評価されるポイントを意識して、面接のシミュレーションをしておくとよいでしょう。また、実際入社するにあたって、企業とあなた自身の相互理解を図ることも重要です。「自分と企業との間で見解などの相違がないか？」もあわせてチェックしておきましょう。

面接で評価されるポイント

- 職務に必要な知識・能力・適正など、基礎的な部分を備えているか否か？
- 応募企業の理念や方針、社風などに適した人材か？
- 応募企業にふさわしい人柄、性格か？

ポートフォリオでアピール

ポートフォリオを見せながら自分の作品を客観的に説明できるようにしておきましょう。面接時にはスキルだけでなく、クリエイターとしてのコミュニケーション能力が問われています。ビジネスシーンでクライアントに自社作品を売り込む際、どのような言い方をするのか？「自分ならこうする！」というシチュエーションをイメージすると、考えやすいかもしれません。作品を見せる順番を決めておき、アピールするポイントをきっちりと絞り、自分が得意とするジャンルやテイスト、やりたい仕事を相手にわかりやすく説明してください。ポートフォリオを作る過程で考えたコンセプトや構成の理由など、これまでの思考を振り返っておくことも大切です。

自信を持って、堂々と振る舞いなされ！
話す内容だけでなく、
声のトーンや姿勢も評価の対象じゃ！

面接前のチェックポイント

既に提出済みの資料を今一度確認

面接に向かうにあたって、ここまで提出してきた資料を見直しましょう。特にエントリーシートに書いた内容は、面接時に質問されることが多いため、どのような質問がきても大丈夫なように、何を書いたのか見直しておきましょう。

志望企業を再研究

面接にあたり、Web サイトなどで応募企業の沿革や事業内容、最新のニュースなどを再確認しましょう。複数社に応募している場合など、相手先を同業他社と混同しかねません。
応募企業に対して、きちんと敬意を持って面接に臨みましょう。

身だしなみ

金融や商社、小売、メーカーなど、いわゆる一般職種と比較すると、クリエイティブ業界は、自由な社風の企業が多いかもしれません。しかし、面接となれば、最低限度のマナーを守るべきです。必ずしも定番の就職活動用スーツを着用しなければいけないということはありませんが、あまりにもラフな服装は NG です。黒やグレー、ネイビーなどの落ち着いたトーンの清潔感のある服装で面接に臨みましょう。派手なメイクやネイル、アクセサリーなどは控えましょう。

時間厳守

面接時間に遅れてしまうと、これまでの努力が水の泡になってしまいます。バス、電車など、面接企業までの道のりや、所要時間をあらかじめ調べておくとよいでしょう。
また、万が一のときのため、担当者の連絡先は控えておきましょう。

的確な言葉で話す

実際に面接担当者と対面したときに、相手先の企業のことは「御社」、自分のことは「わたくし」と表現するなど、正しく的確な表現でスピーディに対応できるように練習しておきましょう。

オシャレよりも、清潔感ね……
アピールするのは私の内側。
外側じゃないってことね。

先輩たちの体験談から学ぼう

既に就職活動を終了した先輩たちのコメントを紹介しよう！ 実際の経験からきた言葉なので、しっかりと受け止めて、自分のポートフォリオに役立てることじゃ。

配慮した点

就職活動中も常にブラッシュアップをした。最終的には5回ぐらいブラッシュアップを繰り返した

ポートフォリオは
受ける企業ごとに作った！

たくさんの
ポートフォリオが
並んだ時に
目立つようにした

面接には、ポートフォリオの他に実物を持って行って触ってもらった！

見る立場に立って考え、いかに飽きずにページをめくってもらえるかということを念頭に置いて作った

実力を評価してもらえるように、アルバイトで制作していたものも入れた

デッサンのページはグレースケールで出力して鉛筆の線をはっきりさせた

自分の能力が効率よく伝わるように、描く題材や、絵に個性が出るように気を遣った

一般のアートブックや雑誌を参考にして、きれいなレイアウトを心がけた

見た人が気持よくなる明度、彩度を目指した

反省点とアドバイス

就職活動がタイトだったので、目次を入れ忘れた

画像の解像度が低かった

過去の作品を集めても、まだ作品数が少なく、厳選できなかった

自分の専門分野だけではなく、いろんなものを見たり体験すると作品の幅が広がる！

凝った製本にしたが、面接用には扱いにくかった

200円ファイルを使ったので、モノとしての安っぽさが出てしまった

これだけは人に負けないってモノを押す！

作品をデータで残しておくとポートフォリオを作るときに楽ですよ！

もう泣いたりなんかしないわ……

さあ、ワシにできることはここまでじゃ。クリエイターを志したなら最後、ポートフォリオは就職活動だけじゃなく、一生作り続けるもの。ふたりとも心しておきなされ！

博士、ありがとうございました！みなさんもがんばってくださいね！

地に足をつけて一歩ずつ前に進んでいこう……

STAFF

取材・執筆	藤田夏海（4D2A）／西本まや／宮川りょうこ／庄野祐輔（4D2A）／山口浩司
執筆協力	森川弥奈・中路真紀・中村かおり・岸本きよら（デジタルスケープ）
編集	藤田夏海（4D2A）／渡邉淳矢
撮影	西本まや／森川智之
デザイン	古屋蔵人・大川久志（4D2A）
イラストレーション	大原大次郎

取材協力

アイ・エム・ジェイ／ガイナックス／ゲームリパブリック／サミー／白組／ソニー／博報堂プロダクツ

制作協力

九州産業大学／クリエイターズエージェント／ゲーミング&エンタテインメント ビジネススクール／デジタルスケープ／デジタルハリウッド／東京アニメーションカレッジ専門学校／東京工芸大学／東北芸術工科大学／長岡造形大学／日本電子専門学校／バンタン電影アニメマンガ学院／バンタン電影ゲーム学院

Special Thanks

ポートフォリオを提供して頂いたみなさま
青木幹太／坏浩／阿部和弘／内村友宏／金統一／島田和則／鈴木一典／田中道信／藤井克也／松崎富貴子／水田裕教

（50音順・敬称・組織種別略）

クリエイティブ業界に就職するための

ポートフォリオの教科書

2009年2月5日 初版第1刷発行
2010年8月20日　第5刷発行

編者	ワークスコーポレーション 別冊・書籍編集部
発行人	村上 徹
編集人	岡本 淳
発行・発売	株式会社ワークスコーポレーション
	〒101-0052　東京都千代田区神田小川町 1-8-8 神田小川町東誠ビル
	TEL03-3257-7801（編集）　03-3257-7804（販売）　03-3257-7803（広告）
	http://www.wgn.co.jp/
印刷・製本	株式会社廣済堂
お客様窓口	contact@wgn.co.jp

ISBN978-4-86267-050-2
Printed in Japan